東京のちいさな
ミュージアム案内

-美術館・博物館・文学館150-

JN028169

X-Knowledge

contents

5 　本書の見かた・使いかた

東京・品川エリア
6

8 　ボタンの博物館

10 　翡翠原石館

12 　アドミュージアム東京

14 　日本カメラ博物館

16 　高島屋史料館TOKYO

17 　旧新橋停車場 鉄道歴史展示室

18 　建築倉庫

19 　東京海洋大学
　　マリンサイエンスミュージアム

20 　まだまだあります！ 東京・品川エリア
　　セイコーミュージアム銀座
　　キヤノンギャラリー銀座／資生堂ギャラリー
　　メゾン・デ・ミュゼ・デュ・モンド

21 　昭和のくらし博物館／物流博物館
　　ポリスミュージアム（警察博物館）
　　日本の酒情報館

赤坂・六本木エリア
22

24 　東京都庭園美術館

26 　菊池寛実記念 智美術館

28 　21_21 DESIGN SIGHT

30 　TOTOギャラリー・間

31 　泉屋博古館東京

32 　まだまだあります！ 赤坂・六本木エリア
　　大倉集古館
　　フジフイルム スクエア 写真歴史博物館
　　山種美術館

33 　気象科学館／Zen Foto Gallery
　　OTA FINE ARTS

谷根千エリア
34

36 　東京理科大学 近代科学資料館

38 　台東区立朝倉彫塑館

40 　ギャラリー猫町

42 　文京区立森鷗外記念館

44 　竹久夢二美術館

45 　弥生美術館

46 　まだまだあります！ 谷根千エリア
　　HAGISO／東京都水道歴史館／寺町美術館

47 　大名時計博物館
　　野球殿堂博物館／Gallery MARUHI

渋谷・原宿エリア
48

50 　岡本太郎記念館

52 　アクセサリーミュージアム

54 　日本民藝館

56 　渋谷区立松濤美術館

58 　d47 MUSEUM

59 　ワタリウム美術館

60 　まだまだあります！ 渋谷・原宿エリア
　　根津美術館／太田記念美術館
　　戸栗美術館／日本近代文学館

61 　五島美術館／紅ミュージアム
　　白根記念渋谷区郷土博物館・文学館
　　向田邦子文庫

62 深川エリア

64 刀剣博物館

66 地下鉄博物館

68 ちいさな硝子の本の博物館

70 たばこと塩の博物館

72 EARTH+GALLERY

74 まだまだあります! 深川エリア
深川東京モダン館／夢の島熱帯植物館
東京おりがみミュージアム

75 羽子板資料館／江戸東京博物館
両国花火資料館

76 上野・浅草エリア

78 東京タロット美術館

80 黒田記念館

82 池波正太郎記念文庫

84 世界のカバン博物館

86 日本文具資料館

87 石洞美術館

88 都電おもいで広場

89 まだまだあります! 上野・浅草エリア
郵政博物館／太鼓館
葛飾柴又寅さん記念館

90 新宿・世田谷エリア

92 早稲田大学坪内博士記念演劇博物館

94 東京おもちゃ美術館

96 東京オペラシティ アートギャラリー

98 The Artcomplex Center of Tokyo

100 市谷の杜 本と活字館

101 駒澤大学禅文化歴史博物館

102 世田谷文学館

103 蘆花恒春園

104 まだまだあります! 新宿・世田谷エリア
東京農業大学「食と農」の博物館
文化学園服飾博物館／釣り文化資料館

105 新宿区立 林芙美子記念館／消防博物館
ニコンプラザ東京

106 池袋エリア

108 練馬区立牧野記念庭園

110 URまちとくらしのミュージアム

112 豊島区立熊谷守一美術館

114 切手の博物館

116 旧江戸川乱歩邸

118 豊島区立トキワ荘マンガミュージアム

119 豊島区トキワ荘通りお休み処

120 紙の博物館

121 まだまだあります! 池袋エリア
練馬区立美術館／ブックギャラリーポポタム
永青文庫／自由学園明日館

122	武蔵野エリア
124	国立音楽大学楽器学資料館
126	ミタカ・オルゴール館
128	三鷹市星と森と絵本の家
130	ちひろ美術館・東京
132	東京工芸大学 杉並アニメーションミュージアム
133	まだまだあります！ 武蔵野エリア スヌーピーミュージアム 国立極地研究所　南極・北極科学館 小平市ふれあい下水道館
134	旧白洲邸 武相荘／三鷹の森ジブリ美術館 太宰治文学サロン
135	トリックアート美術館 町田市立国際版画美術館 東京ガス ガスミュージアム

136	神奈川エリア
138	鎌倉歴史文化交流館
140	川崎市 藤子・F・不二雄ミュージアム
142	鎌倉彫資料館
143	電車とバスの博物館
144	象の鼻テラス
145	帆船日本丸・横浜みなと博物館
146	谷内六郎館
147	小田原文学館
148	まだまだあります！ 神奈川エリア 葉山しおさい博物館／原鉄道模型博物館 箱根ラリック美術館
149	カスヤの森現代美術館／横浜開港資料館 ブリキのおもちゃ博物館

150	千葉エリア
152	松山庭園美術館
154	ホキ美術館
156	市原湖畔美術館
158	房総のむら
160	ふなばしアンデルセン公園子ども美術館
162	浦安市郷土博物館
163	まだまだあります！ 千葉エリア 月の沙漠記念館／伊能忠敬記念館 一茶双樹記念館／塚本美術館

164	埼玉エリア
166	さいたま市大宮盆栽美術館
168	日本万華鏡博物館
170	さいたま市青少年宇宙科学館
171	おがの化石館
172	さいたま市岩槻人形博物館
173	まだまだあります！ 埼玉エリア 河鍋暁斎記念美術館／遠山記念館 さいたま文学館

174	あとがき

本書をお読みになる前に

本書は、2016年発行の『東京のちいさな美術館・博物館・文学館』を底本とし、新たに掲載するミュージアムを加え大幅に加筆・改稿したものです。展示内容は企画によって異なります。また、開館時間・休館日・入館料などの情報は、各施設の事情により変更になる場合があります。入館料は、特別な記載がない限り、大人一般の料金を記載し、団体、シニア料金などは基本的に省略しています。記載されている休館日以外にも、年末年始・GW・夏季等の長期休暇、展示入れ替え、作品保護、改装工事などのため休館することがあります。企画展や特別展、イベント、休館日などは、変更になることがあります。ホームページやSNS等にて事前に公式情報をお確かめのうえ、お楽しみください。本書掲載の情報や展示内容は、2024年4月現在の取材内容に基づきます。上記につきまして、あらかじめご了承ください。

ひと目で見どころがまるわかり！

いざお出かけする前に、簡単な本書の使いかたと見かたをお伝えします。
ぜひ、あなたのお気に入りのミュージアム探しの一助となれば幸いです。

アイコンの見かた

 見て楽しい
美しい絵画やユニークなオブジェ、個性的な建築などの要素を持ち、鑑賞する楽しさを主な目的とした施設

学んで楽しい
パネル展示や映像資料などから知識を得られる施設。作品から発想が広がるような美術館も含めています

 おもしろ展示
意外なところに展示物が潜んでいたり、めったに見られない貴重な展示物が印象的なミュージアム

 カフェ・レストラン
館内にレストランを併設していたり、ミュージアムに隣接するカフェなどの飲食スペースを設けているところ

体験できる
ワークショップやトークショーなどのほか、自分の体を使って楽しめる展示やイベントが豊富な施設

 入場無料
館内のすべて、または主な施設を無料で楽しめる施設。子どもだけでなく大人も無料で楽しめるものに表示

point 1
どんな施設かは
アイコンをチェック
展示の特徴やレストランの有無などが確認可能。入場無料の施設を探すときも、ここを見ればすぐにわかります

施設名

point 2
見どころがすぐわかる！
行ったら必ず見ておきたい展示物や、ほかのミュージアムにはないユニークなポイントなど、施設のハイライトとなる要素を紹介しています

**エリア
インデックス**

point 3
施設の魅力やおすすめの
過ごし方を紹介！
施設の概要や、魅力的な展示物、主な見どころなどを伝える箇所です。写真とこのフレーズで、どんなミュージアムなのか一目でわかります

point 4
ショップ情報やこぼれ話も
ミュージアムショップやカフェの紹介のほか、展示に秘められたエピソードや意外な見どころなどを、番外編コラムにまとめました

東京・品川 エリア

伝統の技や、日本を代表する企業の歴史。
写真や物流、広告など、
身近なテーマのミュージアムがたくさん。
ときめきと発見が詰まった、東京の中心を歩きましょう。

map 1

ボタンの博物館
p8
浜町

日本カメラ博物館
p14
半蔵門

皇居

東京

日本橋

高島屋史料館TOKYO
p16

東京

有楽町

日比谷公園

ポリスミュージアム（警察博物館）p21
セイコーミュージアム銀座
p20
キヤノンギャラリー銀座 p20
帝国ホテル東京
メゾン・デ・ミュゼ・デュ・モンド p20

虎ノ門

日本の酒情報館
p21

新橋

資生堂ギャラリー p20
旧新橋停車場　鉄道歴史展示室 p17
アドミュージアム東京 p12

汐留

浜離宮恩賜庭園

JR山手線

港区役所

増上寺

芝公園

竹芝

豊海運動公園

JR横須賀線

ゆりかもめ

田町

N

map 2

慶應義塾大学 ●

目黒区役所

JR山手線

東急東横線

都営三田線

都営浅草線

国立科学博物館
附属自然教育園

白金台

高輪台

JR山手線

東京海洋大学
マリンサイエンス
ミュージアム
p19

物流博物館 p21

品川

林試の森公園

翡翠原石館
p10

北品川

天王洲アイル

建築倉庫
p18

大崎

都会の真ん中で
知的好奇心くすぐる
ちいさな冒険を

新馬場

りんかい線

大井町

京急本線

東海道新幹線

JR東海道本線

東急池上線

久が原

池上本門寺

● 昭和のくらし博物館
p21

下丸子

東急多摩川線

蒲田

N

ボタンの博物館 ボタンノハクブツカン

人類の歴史と美を綴る
宝石のような工芸品

1
時代も地域も素材も
さまざまなボタンの美

2
社会情勢や技術の変遷
文化史を伝えるガイドツアー

3
アクセサリー作りなどの
ワークショップを実施

貴重なアンティークボタンの博物館

　優雅な調度品がゆったりと並ぶ展示室に、世界各地から集められた約1600点のボタンがきらり。古代ローマ時代の留め具「フィビュラ」や、フランス革命の勝利を記念したボタン、層により色の異なる構造を巧みに活かしたデザインの貝ボタンなどが、小さな美の世界へと誘います。

　肉眼では見えないほど細かな色ガラスでモチーフを描いた「ミクロモザイクボタン」は、まさに小さな絵画のよう。また、代々家宝として受け継がれたともいわれる「ピクチャーボタン」のように、持ち主のステータスシンボルとなった品も。その一つ一つに、服のパーツにとどまらない魅力があふれています。

A_18世紀イタリアのミクロモザイクボタン　**B**_18世紀イギリスのピクチャーボタン　**C**_貸切に近い環境でガイドツアー（不定期）を開催　**D**_高瀬貝や白蝶貝などボタンの素材も

information
TEL:03-3864-6537
東京都中央区日本橋浜町1-11-8
ザ・パークレックス 日本橋浜町 2階
開館時間:3部制　10:00-/13:00-/
15:00-　各回90分
休館日:(不定期開催以外の)土日祝、
年末年始、夏期休業
入館料:月〜金曜 一般800円、
土日祝 一般1000円(小中学生は半額、
未就学児は無料)
＊ガイドツアー利用時はプラス500円
　(未就学児は無料)
＊完全予約制。ホームページまたは
　電話にて要予約
アクセス:都営新宿線「浜町」駅A1出口
徒歩約5分
https://www.iris.co.jp/muse/

COLUMN

幕末にきらめく「薩摩ボタン」

豊臣秀吉の朝鮮出兵を機に、島津義弘が朝鮮から陶工を渡来させ、薩摩藩御用窯として発展した薩摩焼。その技術をヨーロッパの輸出用ボタンに転用した薩摩ボタンは、ジャポニズムの繁栄に寄与し、薩摩藩が倒幕運動などに必要な外貨を得るための軍資金の一部になったともいわれています。

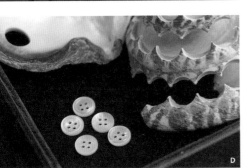

翡翠原石館 ヒスイゲンセキカン

緑色の宝石だけじゃない
翡翠の奥深い美しさに触れる

閑静な屋敷町で自然と同居する緑の館

緑の宝石として知られる翡翠ですが、実は透明、ラベンダー、青など、成分によって色はさまざま。そんな翡翠の魅力に魅せられた鷲見館長が、長年集め続けてきたコレクションを一般公開しています。

桜の木の下のドアを開ければ、翡翠やアベンチュリン、ルビーなど10万個以上の原石で描かれた2m×5mのモザイク壁画が迎えてくれます。

4tの翡翠原石に加え、圧巻なのが10tのくりぬき翡翠風呂。実際に使用できるように作られたといい、湯船に浸かることはできませんが、浴室の床に立ち翡翠に囲まれれば、不思議な高揚感と美しさが体じゅうを満たしてくれます。

A_御殿山から徐々に失われている緑を守る役目も果たしている **B_**新潟県糸魚川の翡翠を使用した風呂 **C_**翡翠の幅広さを感じるギャラリー **D_**翡翠の渡り石の奥に翡翠風呂が

1
ひとつ数tにもおよぶ
巨大な翡翠原石

2
翡翠をふんだんに使った
空間や工芸品の数々

3
豊かな草木と翡翠の
緑のハーモニー

information
TEL:03-6408-0313
東京都品川区北品川4-5-12
開館時間:10:00-17:00
閉館日:月曜日・火曜日・木曜日
入館料:700円
(スリランカの紅茶サービス)
＊事前予約制。入館料は変更される
可能性もあります
アクセス:京急線「北品川」駅
徒歩約5分
http://www.hi-su-i.com

COLUMN

地域によっても変わる翡翠の色

翡翠は、鉄、クロム、チタンなど、含まれる金属に
よって色が変化し、ラベンダーや青色のものも存在
します。翡翠原産国として知られるミャンマーには、
日本では見られない赤色のものも。日本では、宝飾
品にできるような美しい翡翠は、新潟県糸魚川地方
でしか採れないそう。

アドミュージアム東京

アドミュージアムトウキョウ

「広告」って
こんなに幅広い！
時代を映し出す鏡

CMやポスターに限らない広告の幅広さ

　広告は広くなにかを知らせるものという原点に立ち返り、ポスターや看板、テレビCMなど約32万点の資料を集めたミュージアム。2017年のリニューアルを経て膨大な資料に一層深く触れられる場に生まれ変わりました。

　「ニッポン　広告史」のコーナーでは、江戸時代に花開き、新聞やラジオなどのメディアと共に発展した広告の歴史をたどれます。江戸

時代の歌舞伎を活用した広告のエピソードや、大正期を彩る杉浦非水や片岡敏郎などのデザイナーやコピーライターにも光を当てた展示に興奮。ふだん広告として意識しない意外な展示品も多く、新たな気づきを与えてくれます。

A_夢にあふれた文化も戦時中の苦境も物語るポスター　B_映像やデジタル資料が充実　C_スタイリッシュなショップのように気軽に利用できるライブラリー　D_ユニークな視聴ブース「4つのきもち」

1
時代をリードした
広告の名作に触れる

2
メディアとともに発達した
広告の歴史をたどる

3
世代を超えて楽しめる
懐かしいCMの数々

information
TEL：03-6218-2500
東京都港区東新橋1-8-2
カレッタ汐留
開館時間：12:00-18:00
休館日：日曜・月曜ほか
入館料：無料
アクセス：JR山手線ほか「新橋」駅
徒歩約5分
http://www.admt.jp

COLUMN

錦絵は江戸時代のファッション誌？

ミュージアムショップで手に入る錦絵のポストカード。
江戸の呉服店・越後屋の店頭に、新作の着物を着
た女性の姿が描かれています。錦絵は、当時のポ
スターやファッション誌のような立ち位置でもあった
のだそう。この一枚に、現代と変わらぬあこがれの
心が詰まっているようです。

日本カメラ博物館

カメラの歴史と 人生の一ページが重なる場所

歴史と共に思い出の一枚がよみがえる

日本初の機能を搭載したカメラや、市場で人気を博したモデルなど、「日本の歴史的カメラ」を中心に展示。海外製品を手本に出発した日本のカメラが世界を席巻し、独自の地位を築くまでの歴史を、圧倒的な物量の実機を通して知ることができる点がユニークです。その光景はまるで、日本の写真の歴史が詰まった立体年表のよう。

ライカの貴重な試作品「0型ライカNo.110」など海外のカメラや、メーカーのノベルティ、日用品を模したスパイカメラなども。その歴史を振り返るうちに、思い出の一枚や人生の一ページが自然と思い出されます。

A_国内外のカメラがズラリ　**B**_世界で初めて市販された「ダゲレオタイプ」のカメラ　**C**_江戸時代から令和に至る歴史を伝え続ける　**D**_子どものカメラやカメラモチーフのおもちゃも

1
圧倒的物量で見せる
カメラの歴史

2
世界初＆日本初が
詰まった名機の数々

3
実用面にとどまらない
カメラの文化的魅力

Tokyo/Shinagawa Area

information

TEL:03-3263-7110
東京都千代田区一番町25番地
JCII 一番町ビル
開館時間:10:00-17:00
休館日:月曜、年末年始
入館料:300円(中学生以下無料)
アクセス:東京メトロ半蔵門線
「半蔵門」駅徒歩約1分
https://www.
jcii-cameramuseum.jp/

COLUMN

江戸時代の日本人が写した日本人

館内にはカメラの実機だけでなく、写真の "はじめて物語" を伝える資料もたくさん。こちらは、日本人が日本人を写した最古の銀板写真を紹介するパネルです。時は1857（安政4）年、被写体は薩摩藩主の島津斉彬です。カメラの前で、どんな気持ちを抱いていたのでしょうか。

髙島屋史料館TOKYO

タカシマヤシリョウカントウキョウ

ここが見どころ

1
豊かなテーマに沿って
ガラリと雰囲気を変える展示

2
重要文化財指定の
百貨店建築を味わう

3
小さな展示室に
とどまらない広がり

information
TEL:03-3211-4111
東京都中央区日本橋2-4-1
日本橋髙島屋S.C.本館4階・5階
＊5階はイベント開催時のみ開館
開館時間:10:30-19:30
入館料:無料
アクセス:東京メトロ銀座線
「日本橋」駅直結
https://www.takashimaya.
co.jp/shiryokan/tokyo/

撮影／佐々木香輔

百貨店文化の枠を広げるユニークな展示

　金色に輝くエレベーターを降りると、婦人服フロアの一角に展示室が。重要文化財である日本橋髙島屋S.C.本館の中に収められた、入れ子状の小さな美術館とも呼べる存在です。百貨店内であえてショッピングモールをテーマにしたり、バックヤードを再現した展示を行ったりと、伝統ある場でチャレンジングな企画展を年2回

開催しています。史料館で知のシャワーを浴びたあとは、店内散策で村野藤吾設計の増築部を堪能するのがおすすめ。店内に並ぶ名品や人の動きさえも、アートの営みのように見えてきます。

A_「陶の仏－近代常滑の陶彫」開催時のエントランス　B_時には展示室を飛び出して屋上庭園までもフィールドに

旧新橋停車場 鉄道歴史展示室

キュウシンバシテイシャジョウ テツドウレキシテンジシツ

ここが見どころ

1
明治5年の遺構の
真上に再現された駅舎

2
発掘された基礎部分や
発掘品の数々を眺める

3
鉄道の歴史を
物語る企画展示

information
TEL:03-3572-1872
東京都港区東新橋1-5-3
開館時間:10:00-17:00
休館日:月曜
入館料:無料
アクセス:JR山手線ほか「新橋」駅
徒歩約3〜5分(路線により異なる)
https://www.ejrcf.or.jp/
shinbashi/

日 本 初 の 鉄 道 を 支 え た 明 治 時 代 の 新 橋 駅

　日本初の鉄道が敷かれた新橋停車場の駅舎外観とホームの一部を、当時の遺構の真上に再現。明治5年竣工当時の駅舎の正確な図面は現存せず、たった2枚の古写真と発掘調査の結果をもとに建築家等が設計しました。

　写実的な画風で知られた三代歌川広重の錦絵なども参考にし、外観を決めたそう。ガラス張りの床からは地下遺構の実物を覗けて、上に立つと今まさに自分が歴史の真上にいることを感じます。ペットボトルがない当時、お茶を入れた土瓶なども展示され、鉄道の旅に熱狂する当時の人々の表情が浮かぶようです。

A_再開発された街並との対比が美しい。2階では汐留や鉄道に関する企画展示も　**B**_実物の遺構の上を歩ける

建築倉庫 ケンチクソウコ

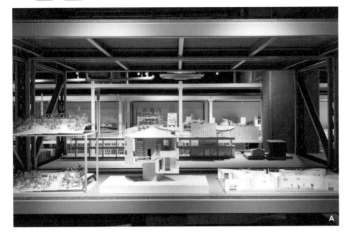

ここが見どころ

1
有名建築家の建築模型
600点以上を保管

2
建築のプロセスや
建築家の頭の中を覗く

3
公式アプリを
活用して楽しむ

建築倉庫 企画展示エリア「構造模型の魅力」

information
TEL：非公開
東京都品川区東品川2-6-10
寺田倉庫G号　WHAT MUSEUM
開館時間：11:00-18:00
（入館は17:00まで）
休館日：月曜
（祝日の場合は翌火曜休館）
入館料：一般・大学生・専門学生700円
（中高生500円、小学生以下無料）
アクセス：りんかい線
「天王洲アイル」駅徒歩約4分
https://what.
warehouseofart.org

世界でも珍しい建築模型専門の施設

　建築模型は、建築家たちのアイデアや思考、建物が建つまでのプロセスを垣間見ることができる貴重な資料です。建築倉庫では、建築家や設計事務所から預かる600点以上の建築模型を保管し、その一部を公開しています。貴重な建築模型や保管の現場を見ることができる施設です。公式アプリを利用すれば、音声ガイドや鑑賞記録を通してより深く展示を味わうこともできます。中には、実際には建設されなかったものや思考のプロセスがわかる複数の模型の展示も。今ある建物はいくつもの可能性の中から選び抜かれたものだと実感できます。

A_温度・湿度など保管環境の整った空間　**B**_企画展示エリアではさまざまなテーマに沿った展示を年数回開催

東京海洋大学マリンサイエンスミュージアム

トウキョウカイヨウダイガクマリンサイエンスミュージアム

ここが見どころ

1
魚から海獣まで幅広い
生き物の剥製・模型

2
生息水域の違う生き物を
一度に見られる

3
暮らしに密着した生物や
漁業にまつわる展示

information
TEL：03-5463-0430
東京都港区港南4-5-7
東京海洋大学品川キャンパス内
開館時間：10:00-16:00
（入館は15:30まで）
＊土曜 10:00-15:00
鯨ギャラリーのみ開館
休館日：土日祝、その他臨時休館あり
（土曜は鯨ギャラリーのみ開館）
入館料：無料
アクセス：JR・京急「品川」駅
徒歩約15分
https://www.s.kaiyodai.
ac.jp/msm/index.html

海の生き物が並ぶ立体図鑑のような博物館

　練習船の模型が出迎える館内には、ペンギンやサメ、マンボウ、イセエビなど、世界中の海の生き物の剥製や標本、模型がズラリ。両手で抱えきれないほど巨大なタカアシガニの剥製があるかと思えば、今にも女神が現れそうなオオシャコガイの貝殻も。別館の「鯨ギャラリー」には、セミクジラの世界最大の完全骨格標本が展示されています。カキや真珠などの養殖のコーナーに並ぶ、アワビ、ホタテガイ、ハマグリ、アサリなどで作られた真珠も見もの。同じ海域に住まない同種の魚を図鑑のように見比べられるのは、この博物館ならではの魅力です。

A_海のにおいを感じる鯨ギャラリー　**B**_色とりどりの魚の剥製や標本が並ぶ。食用の魚の意外な姿に驚かされる

時計の進化と「セイコー」の歴史が凝縮

セイコーミュージアム銀座　セイコーミュージアムギンザ

1981年に設立され、同社発祥の地である銀座にて2020年にリニューアルオープン。日時計から始まる貴重な時計や、和時計、同社の歴代モデルのほか、「東洋の時計王」と呼ばれた創業者・服部金太郎の足跡を伝える資料も。

TEL：03-5159-1881　東京都中央区銀座4-3-13 セイコー並木通りビル
開館時間：10:30-18:00　休館日：月曜、年末年始　入館料：無料
アクセス：銀座線ほか「銀座」駅徒歩約1分　＊ホームページにて要事前予約

プロ・アマ問わず写真家たちの作品を展示

キヤノンギャラリー銀座　キヤノンギャラリーギンザ

写真・映像文化への貢献を目的に、キヤノンが全国3カ所で展開するギャラリー。約25mの壁面長を持ち、年数回の企画展を開催。2週間の開催期間を目処にプロ・アマ問わず、公募作品の出展も行っているので、あなたの作品も展示できるかも！？

TEL：03-3542-1860　東京都中央区銀座3-9-7
開館時間：10:30-18:30　休館日：日・月・祝日および会社休日
入館料：無料　アクセス：都営地下鉄浅草線「東銀座」駅徒歩約2分

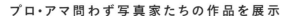

写真：表恒匡

凛と美しい日本最古の画廊

資生堂ギャラリー　シセイドウギャラリー

現存する日本最古の画廊。1919年オープン以来、新人や若手の作品を世に紹介し続けている。天井高5mにおよぶ広々とした展示室は、銀座地区でも最大級の規模。現代美術に主軸を定めた展示は、資生堂の商品にも少なからぬ影響を与えている。

TEL：03-3572-3901　中央区銀座8-8-3 東京銀座資生堂ビルB1F
開館時間：11:00-19:00（日祝11:00-18:00）　休館日：月曜
入館料：無料　アクセス：東京メトロ銀座線ほか「銀座」駅徒歩約4分

世界のアートと
デザインを暮らしに

　メゾン・デ・ミュゼ・デュ・モンド

世界のミュージアムやアートに関する情報提供や、ミュージアムグッズを展示・販売。展覧会カタログや書籍をライブラリで閲覧でき、ルーヴル美術館、大英博物館、ゴッホ美術館など世界のミュージアムグッズを日本にいながらにして買えるのも魅力。

TEL：03-3574-2380　東京都中央区銀座7-7-4 DNP銀座アネックス
開館時間：11:00-19:00　休館日：日祝日、年末年始、3月末日、9月末日
入館料：無料　URL：http://www.mmm-ginza.org
アクセス：東京メトロ銀座線ほか「銀座」駅徒歩約5分

記憶のなかのノスタルジックな昭和を再現

昭和のくらし博物館　ショウワノクラシハクブツカン

昭和26年の住宅を家財道具も含め丸ごと保存し、庶民の暮らしをそのまま伝える。ちゃぶ台や茶碗などの身の回り品が、茶の間や台所、縁側にいたるまでそのまま残されており、昭和の家庭にタイムスリップできる。希望者には館内のガイドも。

TEL：03-3750-1808　東京都大田区南久が原2-26-19
開館時間：10:00-17:00　休館日：月～木曜、9月上旬
入館料：500円ほか　アクセス：東急池上線「久が原」駅徒歩約8分

大型ジオラマや映像で物流の今昔を知る

物流博物館　ブツリュウハクブツカン

江戸時代から昭和までの物流のあゆみを紹介。現代物流の展示では、空港、港湾、鉄道、トラックの各ターミナルのジオラマ模型やクイズ、ゲームなどを通して、暮らしと産業に欠かせない物流のしくみをわかりやすく紹介。米俵などを担ぐ体験もできる。

TEL：03-3280-1616　東京都港区高輪4-7-15
開館時間：10:00-17:00　休館日：月曜、第4火曜日ほか
入館料：200円ほか　アクセス：JR山手線ほか「品川」駅徒歩約7分

日本の警察の歴史と仕事に触れる

ポリスミュージアム（警察博物館）　ポリスミュージアム（ケイサツハクブツカン）

パトカーやヘリコプターがお出迎え。制服着用（子どものみ）のほか、交番勤務や指紋採取などを擬似体験できる。上層階では歴代の制服や事件史などを紹介。重大事件に立ち向かった警察官の歩みは大人の胸にも迫る。

TEL：03-3581-4321　東京都中央区京橋3-5-1
開館時間：9:30-16:00　休館日：月曜、年末年始
入館料：無料　アクセス：東京メトロ銀座線「京橋」駅徒歩約2分

全国の日本酒が味わえる博物館

日本の酒情報館　ニホンノサケジョウホウカン

日本酒・本格焼酎・泡盛の魅力に触れられるミュージアム。全国約1600社の酒蔵のなかから常時約100アイテムが試飲・販売用に用意され、1杯100円から試飲できる。資料とあわせて楽しめば、おいしさもひとしおだ。

TEL：03-3519-2091　東京都港区西新橋1-6-15　日本酒造虎ノ門ビル1F
開館時間：10:00-18:00　休館日：土・日曜、祝日　入館料：無料
アクセス：東京メトロ銀座線「虎ノ門」駅徒歩約5分

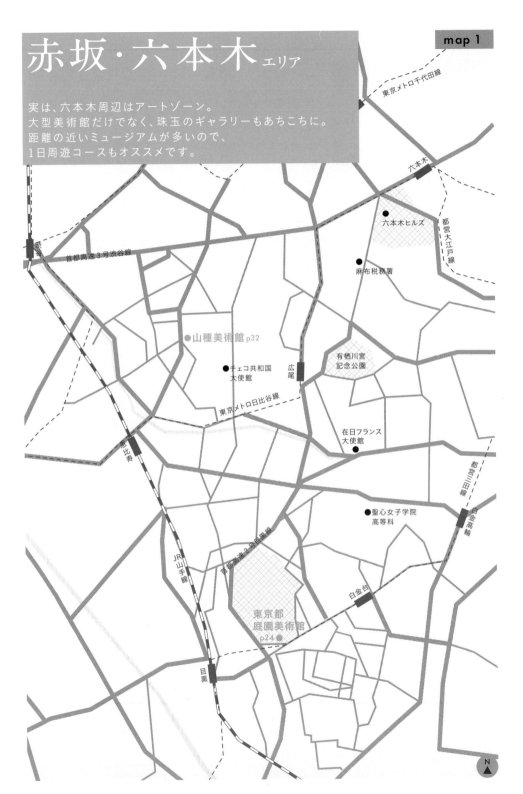

map 1

赤坂・六本木エリア

実は、六本木周辺はアートゾーン。
大型美術館だけでなく、珠玉のギャラリーもあちこちに。
距離の近いミュージアムが多いので、
1日周遊コースもオススメです。

東京メトロ千代田線

六本木

都営大江戸線

●六本木ヒルズ

●麻布税務署

首都高速3号渋谷線

渋谷

●山種美術館 p32

●チェコ共和国
大使館

広尾

有栖川宮
記念公園

東京メトロ日比谷線

恵比寿

在日フランス
大使館

都営三田線

白金台

●聖心女子学院
高等科

JR
山手線

首都高速2号目黒線

東京都
庭園美術館
p24 ●

白金台

目黒

N

map 2

皇居

赤坂御用地

国立国会図書館 ●

青山一丁目

東京メトロ千代田線 赤坂

虎ノ門

虎ノ門ヒルズ

TOTO
ギャラリー・間
p30 ●

乃木坂

● 21_21 DESIGN SIGHT
p28

● 大倉集古館
p32

菊池寛実記念 智美術館 p26

国立新美術館

● 東京ミッドタウン

六本木一丁目

気象科学館 p33

都営三田線

フジフイルム スクエア
写真歴史博物館
p32

● 泉屋博古館東京
p31

六本木

OTA FINE ARTS p33
Zen Foto Gallery p33

御成門

東京メトロ日比谷線

芝公園

首都高速3号渋谷線

六本木ヒルズ

麻布税務署 ●

麻布十番

芝
公園

都営大江戸線 赤羽橋

有栖川宮
記念公園

新たな芸術のメッカで
お気に入りの
アートを見つけよう

JR山手線

東海道新幹線

N
▲

東京都庭園美術館 トウキョウトテイエンビジュツカン

アール・デコ様式の旧家で
芸術と美しい庭
緑を愉しめる

1
アール・デコ様式で
統一された建築

2
シャンデリアをはじめ
とする館内の装飾

3
美しい館内で
行われる企画展

美しい邸宅そのものが芸術品

　朝香宮鳩彦王夫妻がパリに滞在した際、当時全盛期を迎えていたアール・デコの美しさに魅了され、昭和8年に建てた邸宅を昭和58年より美術館として公開。当時からほぼ手を加えることなく、その輝きを今に伝えています。

　優美なアール・デコ様式で統一された館内は、公的な部屋だけでなく、妃殿下寝室などのプライベートな空間までも展示室に。なかでも目を引くのが、ルネ・ラリックによるガラスレリーフが施された正面玄関や、大客室と大食堂のシャンデリア。広々とした緑の庭との調和が美しさを際立てます。この贅沢な空間で、装飾美術や工芸品から現代美術に至るまで、美術館のイメージに沿ったエレガントな企画展が行われます。

A_シャンデリアがきらめく館内で行われる企画展はなんとも贅沢　B_2015年に国の重要文化財に指定された　C_建物の中央にある第一階段の手すりには花模様が　D_鳩彦王夫妻専用の2階ベランダ。現在では来館客も観覧できる

information
TEL：050-5541-8600（ハローダイヤル）
東京都港区白金台5-21-9
開館時間：10:00-18:00
休館日：月曜、年末年始
（祝日の場合は翌平日）
入館料：展覧会により異なる
アクセス：JR山手線「目黒」駅
徒歩約7分
http://www.teien-art-museum.ne.jp

レストラン

庭園を眺めながら贅沢なひとときを
同館にはふたつのカフェ・レストランが。そのいずれも、春は桜、夏は新緑、秋は紅葉、冬は華咲きの梅と四季折々の庭園を見ながらくつろぎの時間を提供しています。「庭園レストラン　ニモ」では展覧会とコラボしたメニューも。美しい庭と旅の思い出を振り返りながら味わってみては。

菊池寛実記念 智美術館 <small>キクチカンジツキネン トモビジュツカン</small>

作家の息遣いが
聞こえるほどの近さで
陶芸とゆっくり向き合う

非日常的な空間で楽しむ現代の陶芸

　伝統的なスタイルの器から斬新なオブジェまで、現代のやきものの幅広い魅力を紹介するミュージアム。人間国宝・藤本能道の作品をはじめ、同館創設者の菊池智氏が選び抜いたコレクションを紹介する展覧会や、作家の個展などを年2〜3回開催するほか、隔年開催の「菊池ビエンナーレ」では陶芸界の＜今＞を紹介し続けています。陶芸作品のみならず、さまざま

なジャンルの作家の技が融合したこの館そのものが、大きな作品の一つです。官能的ともいえる個性的な空間に並ぶ作品の数々は、日常風景にとどまらない陶芸の可能性を力強く印象づけています。

A_和紙を活かした展示台が印象的　**B_**篠田桃紅氏の「ある女主人の肖像」が訪れる人を迎える　**C_**象徴的な螺旋階段
D_日本庭園をふもとに天へと伸びるビルの地下に展示室が

1
伝統からモダンまで幅広い
陶芸の魅力に触れる

2
米国人デザイナーによる
ユニークな非日常的空間

3
作品と鑑賞者を隔てない
展示の距離感

A

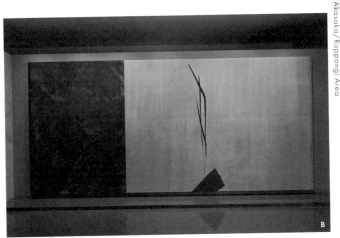
B

C

D

information
TEL:03-5733-5131
東京都港区虎ノ門4-1-35
西久保ビル
開館時間:11:00-18:00
休館日:月曜(祝日の場合は翌平日)
入館料:一般1100円
＊展示により異なる
アクセス:日比谷線「神谷町」駅
4b出口より徒歩約6分
https://www.
musee-tomo.or.jp

COLUMN

一人の女性と陶芸の出会い

智氏の父・菊池寛実氏は茨城県の高萩で炭鉱を経営していました。そこで働く陶工のために作られた登窯を訪れた智氏は、土に命が吹き込まれるさまを目にします。その美に魅せられた智氏は、古美術への趣味を深めつつ現代陶芸を蒐集。父が晩年を過ごしたこの地に美術館を開くこととなります。

21_21 DESIGN SIGHT

トゥーワン・トゥーワン・デザインサイト

デザインの今に触れ
身近なものにひそむ美と
新鮮な驚きに出会う場所

A

1
安藤忠雄氏設計の
大胆な建築

2
空間をダイナミックに
使った多角的な展示

3
日常を支えるデザインの
存在に気付かせてくれる

©木奥恵三

©木奥恵三

「見たことある!」に潜む構造美を味わう

　日常を出発点に、デザインの楽しさを伝える場としてオープン。日本を代表するデザイナー・三宅一生氏が創立し、佐藤卓氏、深澤直人氏、川上典李子氏がミーティングを重ね企画を検討しています。建築の設計は安藤忠雄氏。新鮮な驚きが詰まった展示室が地下に広がる、独特の建築です。地下ロビーから緩やかに始まる展覧会は、展示室からロビー、中庭まで使った、企画展ごとに変わる会場構成も見どころのひとつ。各企画展を通じて、日常生活にあるものや仕組みをデザインを通じて見ることで、新しい視点に気づくことができます。

A_光の差し込む階段を下り展示室へ　**B**_日本の文字を軸にグラフィックデザインの楽しさや豊かさを伝えた『もじ イメージ Graphic 展』(2023-2024年)　**C**_訪れる度にガラリと姿を変えるのも楽しみ　**D**_中庭も展示やインスタレーション会場に

information
TEL:03-3475-2121
東京都港区赤坂9-7-6
東京ミッドタウン ミッドタウン・ガーデン
開館時間:10:00-19:00(入館は18:30まで)
休館日:火曜、展示替え期間、年末年始
入館料:1400円
(大学生800円、高校生500円、
中学生以下無料)
アクセス:大江戸線・
東京メトロ日比谷線「六本木」駅、
東京メトロ千代田線「乃木坂」駅
徒歩約5分
http://www.
2121designsight.jp/

©木奥恵三

ミュージアムショップ

小さな美術館のようなショップ

気軽に利用できるギャラリーショップ「21_21 NANJA MONJA」は、企画展や、併設するギャラリー3の展示関連品、21_21 DESIGN SIGHTオリジナルグッズ、そして同館ディレクターの着眼など、3つの異なる要素で展開。同館をまるごとミニチュアにしたような集積し、たびたび訪れたくなります。

©木奥恵三

TOTOギャラリー・間

トートーギャラリー マ

ここが見どころ

1
建築家自身が
プロデュースする展示空間

2
思考のプロセスが
うかがえる展示

3
建築とデザインがテーマの
ブックショップ

A

B

information
TEL:03-3402-1010
東京都港区南青山1-24-3
TOTO乃木坂ビル3F
開館時間:11:00-18:00
休館日:月曜・祝日
入館料:無料
アクセス:東京メトロ千代田線
「乃木坂」駅徒歩約1分
https://jp.toto.com/gallerma

建築の専門ギャラリー

TOTOといえばお風呂やトイレのショールーム……ではなく、建築に関する展示を行うギャラリー。建築文化の育成を目的に、国内外の建築家を招き、1985年の開設以来一貫して、その個展を開催しています。

なによりの特徴は、建築家が自ら空間デザインを行っていること。ひとつのプロジェクトを掘り下げた展示や思考のプロセスがうかがえる手書きのメモなどから、建築家の思想までも浮き彫りにする展示が見ものです。展示と連動しながら、建築とデザインの書籍に特化した品揃えを見せる「Bookshop TOTO」も見逃せません。

A_企画展「How is Life? ——地球と生きるためのデザイン」より **B**_ギャラリーは中庭を経て上階へ行く構成。SUEP.展より

泉屋博古館東京 センオクハクコカントウキョウ

ここが見どころ

1
東西の典雅な美を愛した
住友家のコレクション

2
鑑賞の助けとなる
親しみやすいテーマ

3
細部まで鑑賞しやすい
展示室の工夫

information
TEL：050-5541-8600
東京都港区六本木1-5-1
開館時間：11:00-18:00
（金曜は-19:00）
休館日：月曜、年末年始
入館料：特別展1200円
（高大生800円）
企画展1000円（高大生600円）
アクセス：東京メトロ南北線
「六本木一丁目」駅徒歩約3分
https://sen-oku.or.jp/
tokyo/

住友家伝来の名品を親しみやすく紹介

　茶の湯や能楽を嗜む住友家第15代当主、住友吉左衛門友純のコレクションを中心とした美術館。中国古代の青銅器や中国、日本の古書画を核に据える京都の泉屋博古館に対し、同館では近代の絵画や工芸品、茶道具などを中心に展示を行っています。名品の数々を親しみやすいテーマですくい上げ、光を当てるのが同館の特徴。作品の魅力を伝えるキャッチフレーズやキャプションが、鑑賞を楽しくサポートしてくれます。自分にとって馴染みのないテーマでも身構えずに、肩の力を抜いて訪れたくなる場所です。

A_ 住友家の麻布別邸の跡地が緑に包まれた美術館に　**B_** 光の反射を抑える展示ケースにより、作品の細部まで鑑賞できる

現存する日本最古の私立美術館

大倉集古館　　オオクラシュウコカン

鹿鳴館や帝国ホテルの設立などで知られる実業家・大倉喜八郎が、明治35年に自邸内に開館した大倉美術館を前身とする。普賢菩薩騎象像など国宝3件を含む、日本やアジアの古美術品や、日本の近代絵画などを所蔵。伊東忠太設計の建築と共にゆったりと味わいたい。

TEL：03-5575-5711　東京都港区虎ノ門2-10-3
開館時間：10：00-17：00（入館は16：30まで）
休館日：月曜、年末年始
入館料：1000円（高大生800円）特別展1500円（高大生1000円）
アクセス：東京メトロ南北線「六本木一丁目」駅徒歩約5分

写真やカメラの歴史を学べる

フジフイルム スクエア 写真歴史博物館

フジフイルム スクエア　シャシンレキシハクブツカン

館内の「写真歴史博物館」では、写真が誕生してからおよそ190年を超える歴史を、貴重なアンティークカメラや写真とともに紹介。18世紀末の日本最古のカメラ・オブスクーラや、見て、触れて、体験できるレプリカに興味津々だ。

TEL：03-6271-3350　東京都港区赤坂9-7-3
開館時間：10：00-19：00（入館は18：50まで）
休館日：なし　入館料：無料
アクセス：東京メトロ日比谷線「六本木」駅徒歩約4分

和菓子も楽しめる
日本画の専門美術館

山種美術館　　ヤマタネビジュツカン

実業家の山﨑種二が画家と交流しながら蒐集した作品をもとに、昭和41年、日本初の日本画専門美術館として開館。横山大観や上村松園らの作品のほか、作品をモチーフにした老舗・菓匠菊家の和菓子にも注目。

TEL：050-5541-8600（ハローダイヤル）
東京都渋谷区広尾3-12-36　開館時間：10：00-17：00
休館日：月曜　入館料：企画により異なる
アクセス：東京メトロ日比谷線「恵比寿」駅徒歩約10分

©気象庁

図鑑だけでは学べない
空と大地の動きを感じて

気象科学館　キショウカガクカン

気象庁で使用している雨量計などの観測機器のほか、台風ができる仕組みを学べる装置なども展示。気象だけでなく地震や火山など、日本の自然を体感できる。解説員として常駐している気象予報士へ質問することもでき、一層学びを深めることができる。

TEL：03-6758-3900　東京都港区虎ノ門3-6-9　気象庁2F
開館時間：9:00-20:00
休館日：第2月曜・火曜、(月曜が祝日の場合は火・水曜)、年末年始、その他臨時休館日あり　入館料：無料
アクセス：東京メトロ日比谷線「虎ノ門ヒルズ」駅徒歩約4分

アジアの写真家たちの
写真専門ギャラリー

Zen Foto Gallery　ゼンフォトギャラリー

中国、日本、アジア諸国の写真を専門とする東京唯一のギャラリーとして、英国人実業家、マーク・ピアソンにより2009年に設立された。写真集の出版も行い、まれにしか鑑賞できない刺激的な作品及び歴史的・現代的な優れた写真作品の発信地となることを目指している。

TEL：03-6804-1708
東京都港区六本木6-6-9　ピラミデビル208号室
開館時間：12:00-19:00　休館日：日・月曜、祝日　入館料：無料
アクセス：東京メトロ日比谷線ほか「六本木」駅徒歩約5分

日本とアジアの作家を紹介
する現代アートの画廊

OTA FINE ARTS　オオタファインアーツ

1994年に開廊し、数回の移転を経て2011年から六本木で営業する現代アートの画廊。絵画だけでなく映像や工芸などにも領域を広げて展示を行っている。また、歴史や地域で美術を考えるという思想の下、日本の作家だけでなくアジア出身の作家も多く扱う。

TEL：03-6447-1123　東京都港区六本木6-6-9　ピラミデビル3F
開館時間：11:00-19:00　休館日：日曜、日祝日　入館料：無料
アクセス：都営地下鉄大江戸線「六本木」駅徒歩約5分

谷根千 エリア

情緒あふれる街並みを歩き
お気に入りの場所を見つける一日はいかが。
アカデミックなミュージアムも集まり、
知的好奇心が広がります。

map 1

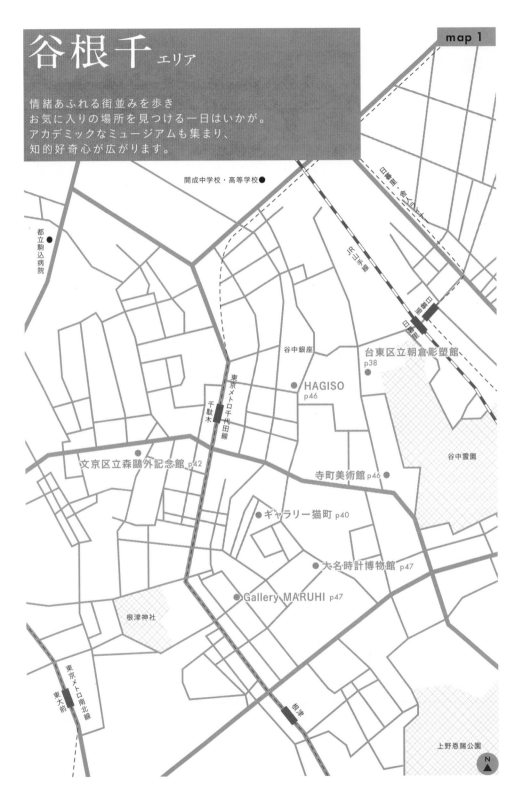

開成中学校・高等学校●

都立駒込病院 ●

日暮里・舎人ライナー

JR山手線

西日暮里

日暮里

谷中銀座

台東区立朝倉彫塑館、
p38

● HAGISO
p46

東京メトロ千代田線

千駄木

谷中霊園

文京区立森鷗外記念館 p42

寺町美術館 p46 ●

● ギャラリー猫町 p40

● 大名時計博物館 p47

● Gallery MARUHI p47

根津神社

東京メトロ南北線

東大前

根津

上野恩賜公園

N

map 2

新宿区立
白銀公園

根津神社

東京メトロ東西線

都営大江戸線

東京メトロ十代田線

神楽坂通り

飯田橋

根津

東京理科大学
近代科学資料館
p36

東京メトロ南北線

東京メトロ有楽町線

JR総武線

map 3

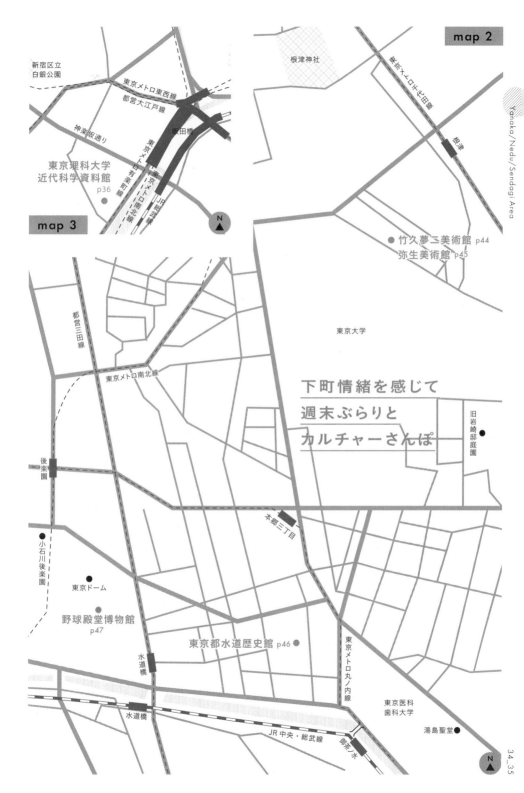

● 竹久夢二美術館 p44
弥生美術館 p45

都営三田線

東京大学

東京メトロ南北線

下町情緒を感じて
週末ぶらりと
カルチャーさんぽ

旧岩崎邸庭園

後楽園

本郷三丁目

小石川後楽園

東京ドーム

野球殿堂博物館
p47

東京都水道歴史館 p46 ●

東京メトロ丸ノ内線

水道橋

東京医科
歯科大学

水道橋

湯島聖堂 ●

JR 中央・総武線

御茶ノ水

東京理科大学 近代科学資料館

トウキョウリカダイガク キンダイカガクシリョウカン

美しい展示室で
近代科学のあゆみと
学びの歴史をたどる

『坊っちゃん』の舞台で科学に触れる

東京理科大学の前身である東京物理学校は、夏目漱石の小説『坊っちゃん』の主人公が卒業した「物理学校」として知られます。こちらの資料館には、日本の自然科学教育をリードしてきた同校を表すような、明治期の日本の科学者や学生の情熱が詰まった資料が今に伝わっています。

江戸時代の書物や、明治時代の美しい実験機器、そして昭和の卒業アルバム。同校出身のノーベル賞受賞者・大村智博士の「大村智記念展示室」には、若い世代へのメッセージも。理系の研究者や教員が訪れるという同館ですが、文学好きにとっても視野を広げてくれるヒントにあふれています。

A_東京物理学校時代の木造校舎の外観を復元　B_近代科学の歴史を伝える実験機器　C_漱石の複製原稿などの文学資料も　D_遊びを通して数学を学べる「数学体験館」を併設

1
日本の近代科学
黎明期のあゆみを知る

2
実験機器や歴史的文献の
美を味わう

3
夏目漱石の複製原稿など
文学的な楽しみも

Yanaka/Nedu/Sendagi Area

information
TEL：03-5228-8224
東京都新宿区神楽坂1-3
東京理科大学近代科学資料館
開館時間：12：00-16：00
（土曜は10：00-16：00）
休館日：月・火曜、日祝日、
および大学の休業日
入館料：無料
アクセス：JR総武線「飯田橋」駅
徒歩約4分
https://www.tus.ac.jp/
info/setubi/museum/

COLUMN

日本のエジソン？　屋井先蔵
やいさきぞう

同館では、世界に先駆けて発明された乾電池を展示しています。発明者の屋井先蔵氏は、東京物理学校で学んだ学生の一人。無試験で入れる代わりに極めて卒業が難しかったという東京物理学校ですが、卒業生の他にもこうして優れた業績を残した人が輩出しているのだそう。

台東区立朝倉彫塑館

タイトウクリツアサクラチョウソカン

彫刻家の
アトリエと美しい
邸宅を訪れる

彫刻家の美意識に満たされた空間

　谷根千さんぽの途中で出会う、黒光りする不思議な建物。ここは、近代日本を代表する彫刻家・朝倉文夫のアトリエと住居を兼ねて、朝倉自身の設計によって建てられた館です。

　門に入れば、モダンなコンクリート建築と、自然素材の和の空間が融合する様に驚かされるはず。高さ8.5mの天井のアトリエには、見上げるほど大きな大隈重信の肖像があるかと思え

ば、ペンギンなどの愛らしい作品も。曲線的な壁の仕上げや、石や竹などを使用したあしらいが光り、朝倉が設計した建物そのものが、大きな作品であることに気づかされます。

A_自然光が差し込むアトリエ　**B**_朝倉は猫をこよなく愛し作品も多く残している　**C**_鉄筋コンクリート建築と木造の住居棟　**D**_書斎の本棚には天井まで本がそびえ立つ

1
日本を代表する彫刻家
朝倉文夫の作品群

2
朝倉自身が設計した
個性的な館

3
建物に散りばめられた
彫刻家ならではの素材選び

information
TEL：03-3821-4549
東京都台東区谷中7-18-10
開館時間：9：30-16：30
（入館は16：00まで）
休館日：月曜、木曜
入館料：500円
（小・中・高校生250円）
アクセス：JR、京成線、
日暮里・舎人ライナー「日暮里」駅
徒歩約5分
https://www.taitogeibun.
net/asakura/
＊入館時、要靴下着用

COLUMN

床板の配置までも当時のまま復元

代表作の「墓守」が鎮座するアトリエの床は、3つの板でできた正方形が連続する寄せ木張りになっています。修復時には、長方形の板の1枚1枚に至るまでナンバリングを施し、当初の位置をキープしたまま復原作業を行ったそう。その色の違いを見れば、新しく取り替えられた箇所がわかります。

ギャラリー猫町

ギャラリーネコマチ

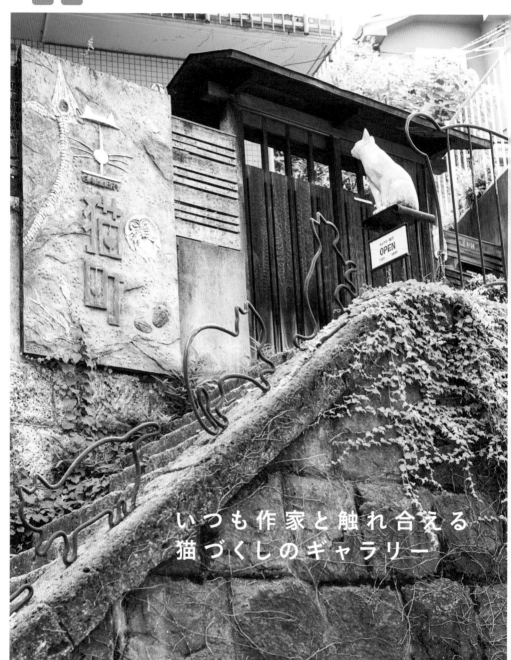

いつも作家と触れ合える
猫づくしのギャラリー

1
1年じゅう
猫アートを展示販売

2
看板やインテリアにも
猫がいっぱい

3
在廊する作家と
触れ合いながら鑑賞

猫は「夕焼けだんだん」だけじゃない!

「猫とアートを愛する人をつなぐ」というコンセプトのもと、年間に約40本の企画展示を行うギャラリー。ゆるやかな坂道のふもとに建つミュージアムは、入口へと続く階段から看板、注意書きの看板までも猫モチーフにあふれています。2週間ごとに入れ替わる作品は、絵画や版画、写真などの平面作品から、オブジェやテキスタイル作品まで幅広いラインナップ。玄関で靴を脱いで「にゃんこスリッパ」に履き替え、ゆったりと鑑賞することができます。

なによりの特徴は、基本的に作家が在廊しているため、解説をじっくり聞きながら鑑賞できること。作家と交わした何気ない一言が、次の猫アートを生み出すきっかけになるかもしれません。

A_小澤康麿氏による猫の柵が歓迎してくれる。入口の階段を上りながらワクワクが高まる **B_**まいけるからわた氏の作品をはじめ、立体作品も多い **C_**「立入禁止」のメッセージも、にゃんこがお知らせ **D_**石川わたる氏による外猫のポートレイト

information
TEL:03-5815-2293
東京都台東区谷中2-6-24
開館時間:11:00-18:00
休館日:月曜・火曜・水曜
入館料:無料
アクセス:東京メトロ千代田線
「千駄木」駅徒歩約6分
http://gallery.
necomachi.com

COLUMN

気に入った作品はお手元に

基本的に展示のみの作品はなく、すべて販売を行っているため、運命の出会いを感じた作品は、購入して自分の手元に残しておくことが可能。一対一で作家と向き合い、作品にかけた作家の思いを直接聞きながら鑑賞すれば、アート作品とのより深い関わりを感じられるはずです。

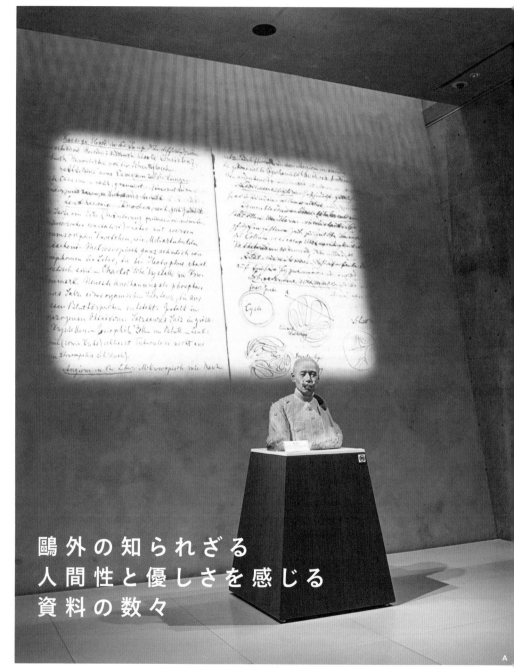

鷗外の知られざる
人間性と優しさを感じる
資料の数々

1
明治・大正期に活躍した
鷗外の人生を概観できる

2
鷗外が暮らした邸宅の
跡地から眺める風景

3
作品からは量りきれない
鷗外のあたたかな人間性

明治期を代表する文豪の素顔に触れる

軍医の経歴や文語調の文体から、近寄りがたいイメージもある森鷗外ですが、鷗外の邸宅「観潮楼」の跡地に建つこの文学館を訪ねれば、その印象が大きく塗り替えられるはず。出張先から子どもたちに送った手紙や、鷗外が絵付けをしたみみずくのモチーフの焼き物、留学先のドイツで贈られたビールジョッキなどゆかりの資料が見られます（展示替えあり）。直筆のはがきや遺愛品に漂う鷗外の思いやりに触れれば、堅苦しい教科書の中の存在だった鷗外が、あたたかなひとりの男性として浮かび上がってきます。生誕160年、没後100年を経たこれからも、鷗外がさまざまな素顔を見せてくれるはずです。

A_鷗外像の後ろに自筆メモなどの映像が流れる　**B**_鷗外が生きていた当時の表門にあたる場所　**C**_文人とのやり取りがうかがえるデジタル資料　**D**_年表や原稿、遺愛品を展示。鷗外の命日にあたる7月には、遺言書のオリジナルが展示される

information
TEL:03-3824-5511
東京都文京区千駄木1-23-4
開館時間:10:00-18:00
（入館は17:30まで）
休館日:第4火曜ほか
入館料:通常展高校生以上300円
＊特別展は展示により異なる
アクセス:東京メトロ千代田線
「千駄木」駅徒歩約5分
http://moriogai-
kinenkan.jp/

カフェ

舌でも鷗外を味わおう！
当時の表門に面した「モリキネカフェ」では、1杯ずつ丁寧に入れるコーヒーと、展覧会とリンクしたケーキ、文京区の文人をテーマにしたお菓子、軽食「モリキネプレート」などが楽しめます。窓の外には、鷗外と人生をともに過ごしたイチョウの木も。

竹久夢二美術館 タケヒサユメジビジュツカン

ここが見どころ

1
夢二の美人画を
常設展示

2
数々の流行を生み出した
デザイン関連の展示が充実

3
はがきや素描など
意外な素顔に触れられる

information
TEL：03-5689-0462
東京都文京区弥生2-4-2
開館時間：10:00-17:00
（入館は16:30まで）
休館日：月曜（祝日の場合は翌火曜）
入館料：1000円
（高校生・大学生900円、
小中学生500円）
＊弥生美術館入館料を含む
アクセス：東京メトロ千代田線
「根津」駅、南北線「東大前」駅とも
徒歩約7分
https://www.
yayoi-yumeji-museum.jp

常時200点以上の夢二作品に出会える

大正ロマンの担い手・竹久夢二の作品を鑑賞できる、都内唯一の美術館。夢二にゆかりを持つ本郷に位置し、弥生美術館の創設者・鹿野琢見の3000点を超えるコレクションを所蔵します。

年4回の企画展では毎回約200〜250点の作品・資料が展示され、美人画の代表作や、若い世代にファンの多いモダンな作品が充実。

ブックデザインや雑誌の挿絵、千疋屋や三越など企業の広告デザイン作品が、館内を鮮やかに彩ります。普段あまり見ないスケッチや書簡なども展示され、華やかな創作と奔放な恋愛の間を行き来する夢二の生きざまが垣間見えます。

A_近年は美人画以上にデザインに惹かれるファンが多く、展示もその傾向に　**B_**貴重な肉筆作品も多数所蔵・展示

弥生美術館 ヤヨイビジュツカン

ここが見どころ

1
挿絵画家・高畠華宵の
3000点にのぼる作品

2
中原淳一、松本かつぢなど
挿絵画家の作品を所蔵

3
少年少女を惹き付ける
出版美術の企画展示

A

information
TEL：03-3812-0012
東京都文京区弥生2-4-3
開館時間：10：00-17：00
（入館は16：30まで）
休館日：月曜（祝日の場合は翌火曜）
入館料：1000円
（高校生・大学生900円、
小中学生500円）
＊竹久夢二美術館入館料を含む
アクセス：東京メトロ千代田線
「根津」駅、南北線「東大前」駅とも
徒歩約7分
https://www.
yayoi-yumeji-museum.jp

日本の「かわいい」や挿絵画を紹介

　大正末期から昭和初期にかけて絶大な人気を誇った挿絵画家、高畠華宵。その作品に魅せられた弁護士・鹿野琢見が、晩年の華宵と交流を重ねたことから、この美術館が誕生しました。

　隣接する竹久夢二美術館のはかない美人画に対し、華宵の描く妖艶な女性や美しい少年の姿が対照的で、ひとつの館で2つの世界が鑑賞できるまたとない美術館です。華宵と同じく、出版美術の世界で花開いた作家の企画展示ももうひとつの目玉。過去には中原淳一、松本かつぢ、陸奥A子などの展示が行われ、日本の「かわいい」を発信し続けています。

A_鹿野氏が感銘を受けた「さらば故郷！」などを所蔵　**B_**「オサムグッズの原田治展」。掲載雑誌などの関連資料も展示

©Yikin HYO

木造アパートが
ギャラリー・カフェに

HAGISO　*ハギソウ*

築68年の木造アパートを改修した施設に、ギャラリーやカフェなどが集まる。クラフト、アクセサリー、絵画などの作家による展示が、1〜2ヵ月ほどのスパンで入れ替わり、公開制作やトークなどのイベントも行われる。

TEL:03-5832-9808　東京都台東区谷中3-10-25
開館時間:8:00-10:30、火〜木および祝日12:00-17:00
(金・土・日は20:00まで)　休館日:月曜日(他、臨時休館あり)
入館料:無料　アクセス:JR山手線「日暮里」駅徒歩約5分

江戸〜東京の
水道の歴史に触れる

東京都水道歴史館　*トウキョウトスイドウレキシカン*

江戸時代の水道管「木樋」の実物や、村山下貯水池取水塔の実寸大模型など、水道の歴史を伝える資料を展示。音声ガイドや長屋エリアで利用できるAR体験も。水と人の歩みが鮮やかに甦る。

TEL:03-5802-9040　東京都文京区本郷2-7-1　開館時間:9:30-17:00(最終入館は16:30)　休館日:第4月曜(休日の場合は翌日)、年末年始　＊2024年9月30日まで休館予定(詳細はホームページにて要確認)　入館料:無料　アクセス:JR中央線ほか「御茶ノ水」駅徒歩約8分　https://www.suidorekishi.jp/

下町さんぽの寄り道に浮世絵を

寺町美術館　*テラマチビジュツカン*

「谷中で残したい建物100選」にも選ばれた美術館。かつて剣道場だった建物の生杉板をそのまま使用している。3ヵ月に一度展示を入れ替え、鈴木春信、葛飾北斎、歌川広重などの浮世絵を展示している。

TEL:080-5684-5996　東京都台東区谷中7-6-3
開館時間:11:00-日没　休館日:月曜　入館料:300円ほか
アクセス:東京メトロ千代田線「千駄木」駅徒歩約8分

『あまちゃん』も訪れた
不思議な時計の館

大名時計博物館　ダイミョウトケイハクブツカン

江戸時代に大名お抱えの御時計師が製作した「大名時計」を展示。24時間を均等に刻む現代の時計とは異なり、季節により時の刻み方が変わる仕組みで、今も実際に動くものも。趣ある外観はドラマ『あまちゃん』のロケ地になったこともある。

TEL：03-3821-6913　東京都台東区谷中2-1-27
開館時間：10:00-16:00　休館日：7/1〜9/30、月曜ほか
入館料：300円ほか
アクセス：東京メトロ千代田線「根津」駅徒歩約10分

野球の過去と現在を
わかりやすく紹介

野球殿堂博物館　ヤキュウデンドウハクブツカン

1959年に開館した日本野球界全体で運営する野球専門博物館。野球界に貢献し功労者として表彰された「野球殿堂入りの人々」の肖像レリーフを飾るほか、プロアマを問わず野球に関するさまざまな資料を収蔵・展示。5万冊以上の蔵書を持つ図書室も公開している。

TEL：03-3811-3600　東京都文京区後楽1-3-61
開館時間：10:00-17:00（最終入館は16:30まで）
休館日：月曜、12/29-1/1　入館料：600円ほか
アクセス：JR中央・総武線「水道橋」駅徒歩約5分

大正6年の座敷蔵でアートを

Gallery MARUHI　ギャラリー・マルヒ

大正6年建築の元質屋をリノベーションしたギャラリー。座敷蔵に象徴される、あたたかな雰囲気に惹かれた作家が集う。絵画、彫刻、陶芸、書、着物などさまざまなものを取り扱う。

TEL：03-5832-9911　東京都文京区根津2-33-1
開館時間：12:00-18:00　休館日：不定休　入館料：無料
アクセス：東京メトロ千代田線「根津」駅徒歩約5分

渋谷・原宿 エリア

流行と個性がクロスする街に
日本の工芸の美が詰まったエリア。
宝石のようにきらめく
ミュージアムが集まっています。

都心とは思えない
秘密基地のような
ミュージアムを探して

アクセサリーミュージアム p52

目黒区立
上目黒小学校

東急東横線

祐天寺

代々木上原

日本近代文学館
p60

駒場
公園

池ノ上

日本民藝館
p54

京王井の頭線

多摩美術大学●

五島美術館
p61

上野毛

東急大井町線

←至二子玉川

上野毛
自然公園

東急田

明治神宮外苑

明治神宮

東京メトロ副都心線

JR山手線

原宿

代々木公園

原宿警察署 ●

ワタリウム美術館
p59 ●

● 太田記念美術館 p60

外苑前

代々木八幡

東京メトロ千代田線

明治神宮前（原宿）

表参道ヒルズ

東京メトロ銀座線

表参道

根津美術館 ●
p60

戸栗美術館 ●
p60

岡本太郎記念館 ●
p50

紅ミュージアム ●
p61

ハチ公像
● 渋谷区立松濤美術館
p56

d47 MUSEUM
p58

渋谷マークシティ
渋谷

金王八幡宮

● 向田邦子文庫
p61

神泉

● 白根記念渋谷区
郷土博物館・文学館
p61

東急東横線

至「祐天寺」駅

チェコ共和国大使館 ●

N

岡本太郎記念館 オカモトタロウキネンカン

岡本太郎が過ごした
アトリエ兼邸宅を訪れる

ひとりの芸術家を支えた力が充満する

青山の落ち着いた住宅街に、突如現れる異空間。岡本太郎が1954年から84歳で亡くなるまで40年以上を過ごした、アトリエ兼住居です。ル・コルビュジェの愛弟子で、太郎の友人である坂倉準三が設計した建物がユニーク。一歩足を踏み入れれば、そんな建物にも負けない太郎のエネルギーが爆発しています。テーブルの上の道具、床に飛び散った絵具、すべてが当時のままのアトリエには、大胆なイメージからは意外とも思える愛用のピアノも並び、素顔を覗かせます。庭には、原始的な楽しさを呼び起こしてくれる大型作品がごろごろ。この大胆な空間が、住居だったという事実にも驚かされます。

A_等身大のマネキンが来館客を驚かせる　**B**_アトリエ。600点以上のキャンバスや立体作品が並ぶ　**C**_庭にはおなじみの太陽の塔も　**D**_さまざまな作品を鑑賞できる2階企画展示室

1
岡本太郎の
絵画や立体作品

2
芸術家の素顔が
見えるアトリエ

3
ユニークな建築と
作品が楽しめる庭

information
TEL：03-3406-0801
東京都港区南青山6-1-19
開館時間：10:00-18:00
（入館は17:30まで）
休館日：火曜
入館料：中学生以上650円
（小学生300円）
アクセス：東京メトロ銀座線ほか
「表参道」駅徒歩約8分
http://taro-okamoto.or.jp

カフェ

太郎作品を眺めながらひと休み

カフェ「a Piece of cake」は、意外な穴場ポイント。おいしい焼き菓子とパンケーキがオススメで、カフェのみの利用も可能です。庭のお気に入りの作品を眺めに、ふたたび足を運んでみては。手づくりの焼き菓子は、お土産にもぴったりです。

アクセサリーミュージアム

アクセサリーミュージアム

素材やデザインが
進化するごとに変わりゆく
きらめきを感じて

A

1
150年の時代が凝縮された
アクセサリーの変遷

2
美しさの背景にある
社会を知る

3
企画展やアクセサリー教室で
より奥深い世界へ

ヴィクトリアン〜90年代の彩りをたどる

　自由な素材やデザインが魅力のコスチュームジュエリーやファッションアイテムを中心に、約5万点の所蔵品を収める美術館。コスチュームジュエリーの卸業やデザインに長年携わる田中元子さんが館長を務め、関係者との打ち合わせや情報収集のために集められたジュエリー約2000点が時代別に並んでいます。それぞれの時代を象徴する洋服や家具なども展示することで、背景にある社会の変化も伝える構成が魅力。富裕層しか手にできなかった装飾品が時代を追うごとに庶民へと広がり、色も形も豊かに花開く様が、人々の自由の広がりと重なっていることを感じます。

A_真珠の色を活かす技術　B_亡くなった少女の髪を用い死を悼むモーニングジュエリー　C_若者のパワーが生んだ自由なデザイン　D_アール・デコ期の展示

information
TEL:03-3760-7411
東京都目黒区上目黒4-33-12
開館時間:10:00-17:00
休館日:月曜、第4・5日曜、夏期、冬期
入館料:1000円(小学生以上600円)
アクセス:東急東横線「祐天寺」駅
徒歩約7分
https://acce-museum/

COLUMN

美に携わる方々の日常にワクワク

同館はかつて田中家の住まいとして使われており、自宅に関係者を招いて、たびたびパーティが行われていたのだそう。その際に用いられた華やかなティーセットも大切な所蔵品のひとつで、企画展で展示されたことも。アクセサリー業界の暮らしを垣間見るようなアイテムに胸が躍ります。

日本民藝館 ニホンミンゲイカン

民藝品に光を当てた
柳宗悦の愛した品々が並ぶ

約1万7000点の工芸品を所蔵

柳宗悦が1936年に興した美術館。茶碗や盆などの食器類から、五徳や灰かき、簑や縄などに至るまで、作者の有名、無名を問わず、自らの目で直に見て心動かされた品々を収めています。現代ではアートや蒐集の対象として認識されている工芸品ですが、当時はまだ深く省みる動きがありませんでした。こうした民衆的な工芸品の美しさを伝えるため、執筆活動もさかんに行った柳の直筆原稿からは、体制に屈せず、信ずるところを貫き通した熱い思いが窺えます。詳しい説明を廃し、美しく設えられた作品を目の前にすると、堅苦しい「鑑賞の仕方」に囚われず、おのずと自分の感性が開かれていくのを感じるはずです。

A_家のような親しみを感じる本館玄関　B_建物は主に柳が設計。葛布を貼った壁や拭き漆の棚が美しい　C_朝鮮や西洋の陶磁器も所蔵　D_西館の旧柳宗悦邸は月4回公開される

1
柳宗悦が集めた
数々の工芸品

2
柳自身の設計による
空間の美しさ

3
美の感性に従った
配置の妙を味わう

information

TEL:03-3467-4527
東京都目黒区駒場4-3-33
開館時間:10:00-17:00
(入館は16:30まで)
休館日:月曜(祝日の場合は翌火曜)
入館料:1200円
(高大生700円、小中生200円)
アクセス:京王井の頭線
「駒場東大前」駅徒歩約7分
https://www.mingeikan.or.jp

COLUMN

レイアウトそのものにも美が宿る

展示物のほかには、木製の棚や床と、黒地に朱で
書かれた作品名の札があるばかり。詳細なキャプシ
ョンを廃し、空間と一体になった展示は、学芸員の
方が配置のバランスをひとつひとつ確かめながら作
り上げたものです。作品だけでなくその配置の美し
さにも、目を奪われます。

渋谷区立松濤美術館 シブヤクリツショウトウビジュツカン

閑静な住宅街に
たたずむ　　　ゆったりと
美術鑑賞　　　しむ

A

1	2	3
中央にある 美しい池と噴水	あちこちに設置された ソファでゆっくり	エントランスや 階段の意匠にも注目

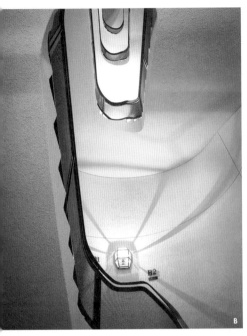

コンパクトで優美な美術館でゆっくり

　高級住宅街の一角にたたずむユニークな建物は、「哲学の建築家」と言われた鬼才・白井晟一（せいいち）の手によるもの。館内の中央に池と噴水があり、池を囲むようにカーブした館内では、どのフロアからも大窓越しにブリッジや噴水がのぞめます。館内のあちこちに凝らされた繊細な意匠が、都心にいることを忘れさせてくれます。

　絵画だけでなく工芸や服飾、彫刻など、古美術から現代美術まで幅広い企画展が開催されており、その質の高さに目を見張ります。地下1階と2階の展示室には、空間を贅沢に使って作品が展示されており、あちこちにソファが設置されているのもうれしいところ。誰にも邪魔されることなく、何時間でもゆっくりと滞在していたくなります。

A_美術館の中央に位置する噴水と池。晴天ならば上階からの眺めもよい　B_螺旋階段も作品のひとつのような美しさ　C_ソファがあちこちにあり、ゆっくりと自分のペースで作品を観られる展示室。広々とした空間のなかで展示を楽しんで

information
TEL:03-3465-9421
東京都渋谷区松濤2-14-14
開館時間:10:00-18:00
（金曜は20:00まで、
入館は閉館の30分前まで）
休館日:月曜、年末年始ほか
入館料:企画により異なる
アクセス:京王井の頭線
「神泉」駅徒歩約5分
http://shoto-museum.jp/

COLUMN

帰り際にはぜひ受付前の光天井を見て

重厚な花崗岩でできた石積みの外観や、地下2階から地上2階までを曲線でつなげる螺旋階段など、建築も美しい同施設。特に、初見では見逃しがちなエントランスの光天井は必見。独特のカーブを描く模様は、薄く切った瑪瑙（オニキス）。はちみつ色に輝く美しさが見事。

撮影:上野則宏

d47 MUSEUM ディヨン ナナミュージアム

ここが見どころ

1
47都道府県の逸品を
俯瞰して見られる展示

2
見て学んで
買える企画展

3
過去の展示の名品を
揃えたショップを併設

information
TEL:03-6427-2301
東京都渋谷区渋谷2-21-1
渋谷ヒカリエ8F
開館時間:12:00-20:00
(入館は19:30まで)
休館日:企画入れ替え時のみ休業
入館料:無料(ドネーション形式)
アクセス:各線「渋谷」駅直結
http://www.hikarie8.com/
d47museum/

47都道府県の名品が勢揃い

　デザインを意味する「d」、都道府県の数である「47」の名の通り、日本全国のモノやコトを展示し、俯瞰的に見つめられるスペース。世界的なデザイナーであるナガオカケンメイ氏が主宰しており、47の各都道府県を代表する展示品が集う、デザインミュージアムです。展覧会のテーマはモノに留まらず、グラフィックデザイナーといった人物やコミュニティデザインのような概念的なものまで多種多様。建築、工芸、ファッション、自然環境など、あらゆる角度から日本の姿が浮き彫りにされます。名品がズラリと並ぶ姿は、まさに圧巻です。

A_手芸をテーマにした企画展「47手芸店　手芸素材からみる、その土地らしさ」 **B**_業務用品として作られる道具や素材を活かした「SAMPLING FURNITURE」シリーズ

ワタリウム美術館 ワタリウムビジュツカン

ここが見どころ

1
街のシンボルとなる
ユニークな外壁の建築

2
館内を大胆に使った
スケールの大きな展示

3
訪れるたびに姿を変え
再先端のアートを紹介

information
TEL:03-3402-3001
東京都渋谷区神宮前3-7-6
開館時間:11:00-19:00
休館日:月曜(祝日の場合は開館)
入館料:展覧会により異なる
アクセス:東京メトロ銀座線
「外苑前」駅徒歩約8分
http://www.watarium.co.jp/
museumcontents.html

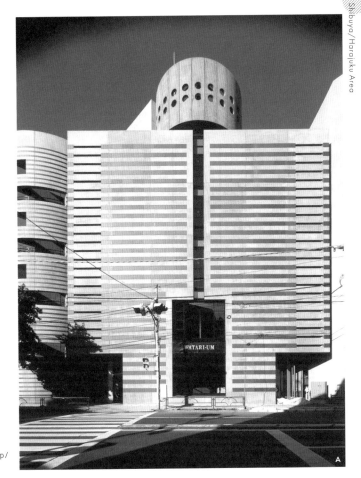

A

ユ ニ ー ク な 建 物 の 中 に 再 先 端 の ア ー ト が

そのときどきの企画によって違った顔を見せる美術館の中でも、筆頭にあがるのがこちら。ル・コルビュジエの助手も務めたスイスの建築家、マリオ・ボッタによるユニークな建物が、街に大きなインパクトを生み出しています。館内はさらにユニーク。鏡張りのエレベーターで行き来する4階建てのフロアでは、その吹き抜けを大胆に利用したり、2階の大窓を外して作品を搬入したりと、ダイナミックで大掛かりな展示が。過去には、なんと館内に火を放つパフォーマンスまで行われました。何度も足を運ぶことで、多様な展示の中にも共通するなにかが見えてくるはずです。

A_街のランドマークとなる特徴的な建物。外観も変化し、新たな体験をもたらす

美しい日本庭園と東洋の美に触れる
根津美術館　　ネヅビジュツカン

東武鉄道の社長も務めた実業家・初代根津嘉一郎による茶道具、仏教美術など幅広い古美術品コレクションを年7回の展覧会で展示。年1度4週間のみ公開される尾形光琳の『燕子花図屏風』など国宝7件を含む7600件超を収蔵。

TEL：03-3400-5236　東京都港区南青山6-5-1
開館時間：10:00-17:00　休館日：月曜・展示替期間・年末年始
入館料：1300円ほか　アクセス：東京メトロ半蔵門線ほか「表参道」駅徒歩約10分
＊オンライン日時指定予約制

きら星のような浮世絵をゆっくり鑑賞
太田記念美術館　　オオタキネンビジュツカン

実業家・五代太田清蔵が蒐集したコレクションを公開している浮世絵専門の美術館。版画と肉筆を含む約1万5000点の作品で浮世絵の歴史をたどれるだけでなく、毎月テーマを変えた展示で浮世絵に新たな光を当て続けている。

TEL：050-5541-8600（ハローダイヤル）　東京都渋谷区神宮前1-10-10
開館時間：10:30-17:30（入館は17:00まで）　休館日：月曜・展示替期間
入館料：企画により異なる　アクセス：JR山手線「原宿」駅徒歩約5分

色とりどりの東洋陶磁器の輝きに酔う
戸栗美術館　　トグリビジュツカン

日本でも数少ない陶磁器専門の美術館として、鍋島家屋敷跡に開館。収蔵する東洋陶磁器は伊万里焼、鍋島焼といった肥前磁器を中心とし、中国・朝鮮などのものを含め数千点に及ぶ。とくに江戸時代の肥前磁器は優品が揃う。

TEL：03-3465-0070　東京都渋谷区松濤1-11-3
開館時間：10:00-17:00　＊毎週金曜・土曜は10:00-20:00
休館日：月曜、火曜、展示替え期間、年末年始　入館料：展示により異なる
アクセス：JR山手線ほか「渋谷」駅徒歩約15分

現代に連なる近代文学を味わう
日本近代文学館　　ニホンキンダイブンガクカン

夏目漱石、芥川龍之介の原稿や書画、樋口一葉、川端康成、谷崎潤一郎の書簡や遺愛の品など、そうそうたる文豪の資料130万点超を所蔵。「AKUTAGAWA」と名付けたコーヒーなど文学メニューを提供するカフェも人気。

TEL：03-3468-4181　東京都目黒区駒場4-3-55　駒場公園内
開館時間：9:30-16:30　休館日：日・月曜
（月曜祝日の場合は開館、翌平日休館）、第4木曜、2月と6月の第3週、年末年始
入館料：展示観覧300円ほか　アクセス：京王井の頭線「駒場東大前」駅徒歩約7分

広い庭園のある住宅街の隠れ家美術館

五島美術館　ゴトウビジュツカン

東急株式会社の元会長・五島慶太収集の美術品により、昭和35年オープン。「源氏物語絵巻」などの国宝5件を含む所蔵品約5000件を収蔵。絵画、書跡、茶道具のほか、寝殿造りの要素を取り入れた建物も美しい。

TEL：050-5541-8600（ハローダイヤル）　東京都世田谷区上野毛3-9-25
開館時間：10:00-17:00　休館日：月曜（祝日の場合は翌平日）ほか
入館料：1100円ほか　アクセス：東急大井町線「上野毛」駅徒歩約5分

photo by Shigeo Ogawa

お化粧だけじゃない！「紅」の力

紅ミュージアム　ベニミュージアム

1825（文政8）年に創業し紅づくりを続ける伊勢半本店のショップを兼ねたミュージアム。紅づくりの技や、現代に至るまでの化粧の歴史のほか、魔除けなど赤色が持つ文化的な魅力を紹介。紅さし体験も楽しめる。

TEL：03-5467-3735　東京都港区南青山6-6-20 K's南青山ビル1F
開館時間：10:00-17:00　休館日：月・日曜、7月7日、年末年始
入館料：無料（企画展は有料）
アクセス：東京メトロ銀座線ほか「表参道」駅徒歩約12分

ハチ公前で意外な渋谷の歴史を紐解く

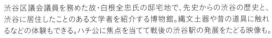

白根記念渋谷区郷土博物館・文学館
シラネキネンシブヤクキョウドハクブツカン・ブンガクカン

渋谷区議会議員を務めた故・白根全忠氏の邸宅地で、先史からの渋谷の歴史と、渋谷に居住したことのある文学者を紹介する博物館。縄文土器や昔の道具に触れるなどの体験もできる。ハチ公に焦点を当てて戦後の渋谷駅の発展をたどる映像も。

TEL：03-3486-2791　東京都渋谷区東4-9-1
開館時間：9:00-17:00（最終入館16:30）　休館日：月曜　入館料：100円ほか
アクセス：JR各線「渋谷」駅徒歩約20分　https://shibuya-muse.jp

母校に眠る遺品とライブラリー

向田邦子文庫　ムコウダクニコブンコ

約3千点の文献を所蔵するほか、ご家族より寄贈された向田邦子の蔵書をはじめ自筆原稿並びに、原稿を執筆した机や万年筆、湯呑などの日用品などを展示。大量に残された白紙の原稿用紙が、その後の人気作品の可能性を感じさせる。

東京都渋谷区東1-1-49 実践女子大学渋谷キャンパス内
開館時間：10:00-16:00　休館日：日曜・祝日ほか（HPにて確認）　入館料：無料
アクセス：JR山手線ほか「渋谷」駅徒歩約10分
https://www.jissen.ac.jp/library/
＊図書館サイトの「向田邦子文庫」のバナーを選択

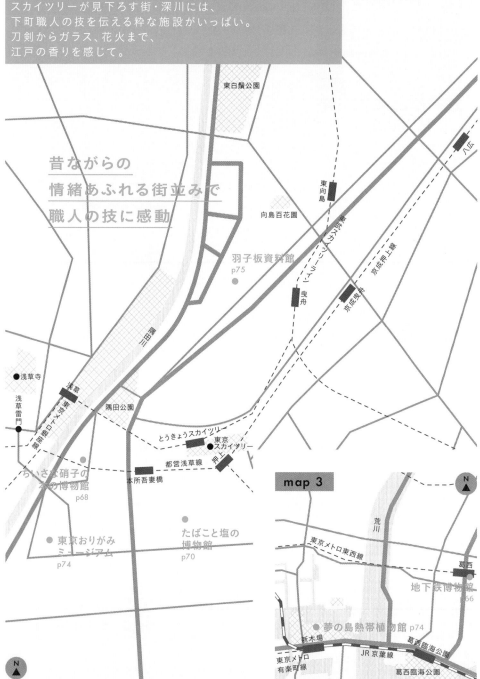

深川エリア

map 1

スカイツリーが見下ろす街・深川には、
下町職人の技を伝える粋な施設がいっぱい。
刀剣からガラス、花火まで、
江戸の香りを感じて。

昔ながらの
情緒あふれる街並みで
職人の技に感動

東白鬚公園

八広

東向島

向島百花園

羽子板資料館
p75

東武スカイツリーライン

京成曳舟

京成押上線

曳舟

隅田川

浅草寺

浅草

東京メトロ

浅草雷門

銀座線浅草ロータリー

隅田公園

とうきょうスカイツリー

東京
スカイツリー

押上

都営浅草線

ちいさな硝子の
2み博物館
p68

本所吾妻橋

map 3

N

東京おりがみ
ミュージアム
p74

たばこと塩の
博物館
p70

荒川

東京メトロ東西線

葛西

地下鉄博物館
p66

夢の島熱帯植物館 p74

新木場

東京メトロ
有楽町線

JR京葉線

葛西臨海公園

葛西臨海公園

N

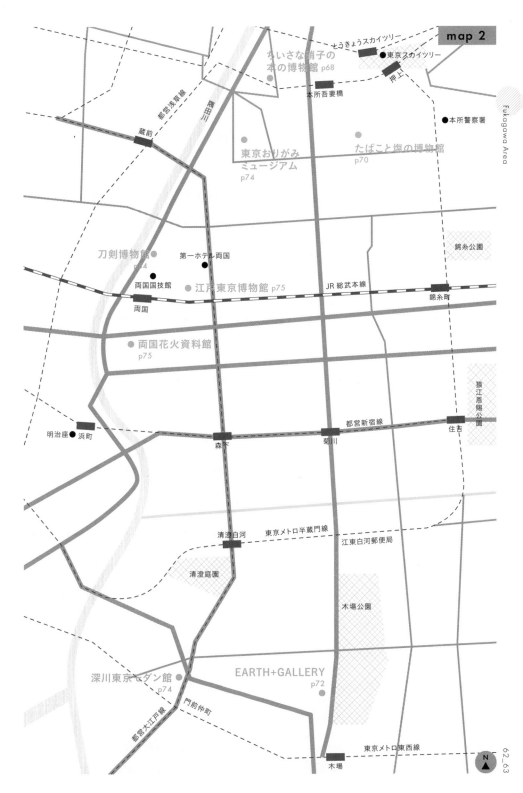

map 2

Fukagawa Area

とうきょうスカイツリー

東京スカイツリー

ちいさな硝子の
本の博物館 p68

押上

本所吾妻橋

本所警察署

都営浅草線

隅田川

蔵前

東京おりがみ
ミュージアム
p74

たばこと塩の博物館
p70

錦糸公園

刀剣博物館
p74

第一ホテル両国

両国国技館

江戸東京博物館 p75

JR 総武本線

錦糸町

両国

両国花火資料館
p75

猿江恩賜公園

都営新宿線

明治座　浜町

森下

菊川

住吉

東京メトロ半蔵門線

清澄白河

江東白河郵便局

清澄庭園

木場公園

深川東京モダン館
p74

EARTH+GALLERY
p72

門前仲町

都営大江戸線

東京メトロ東西線

木場

N

刀剣博物館 トウケンハクブツカン

武器の役目を
終えた今も
受け継がれる美意識

1
日本の伝統工芸の美が
凝縮された刀剣や刀装具

2
刀剣鑑賞の基礎知識が
身に付く情報コーナー

3
現代の名工の
技を伝える展示も

刀剣が持つ美を芸術として味わう

　日々刀剣の鑑定にあたる日本美術刀剣保存
協会が運営する、日本刀専門の博物館。武
士と実戦を共にした刀剣から、遊び心のある美
麗な装飾を施した刀装具、職人の技を今に伝
える現代の作品まで、その審美眼で選りすぐっ
た品々が展示されています。

　使い手の人柄までも浮き彫りにするような彫金
が見事な鍔や、組紐があでやかに交差する柄。
いくつもの構成要素から成る日本刀には、日本
の伝統工芸の持つ美が一点に凝縮されていま
す。作り手と使い手の祈りが幾重にも込められ
た芸術品として、その磨き抜かれた世界を伝え
続けています。

A_毎年恒例「現代刀職展」の出展作品　**B**_年数回の展示を
開催　**C**_蝋燭の灯りに近づけた光により刃文の美が際立つ
D_屋上庭園から隣接の旧安田庭園を望む

information
TEL:03-6284-1000
東京都墨田区横網1-12-9
開館時間:9:30-17:00
休館日:月曜、年末年始
入館料:1000円
(高大生500円、中学生以下無料)
アクセス:JR総武線「両国」駅
徒歩約7分
https://www.touken.or.jp/
museum/

ミュージアムショップ

宇宙のように輝く玉鋼をおみやげに
刀を模したグッズから、職人向けの専門書まで幅広
く揃うミュージアムショップ。中でも人気なのが、日
本刀の元となる玉鋼です。銀色の輝きの中に青や
紫の光がきらめく不思議な色の仕組みは、いまだ完
全には解明されていないそう。謎とロマンが詰まっ
た、小さな名品です。

地下鉄博物館 チカテツハクブツカン

東京の地下迷宮を取り巻く
歴史と「なぜ？」を
楽しく紐解くテーマパーク

昭和2年から始まった日本の地下鉄のあゆみ

　日本初の地下鉄車両1001号車(国の重要文化財)が同館のシンボル。いつも子どもたちでにぎわいながら、大人のほうが夢中になったとの声も上がり、誰をも惹きつける魅力とマニアもなる貴重な資料が同居しています。地下鉄ならではの風圧による揺れまで再現したシミュレーターや大きさを体感できるトンネル展示等があり、地下建設の技術を伝える実物や模型に「そういう

仕組みだったのか！」と胸が躍ります。特別展では営団地下鉄時代などの記録映像の上映や、建設時に発掘された生活用品の展示なども。魅惑の地底世界をさらに深掘りする企画が待っています。

A_地下鉄車両1001号車と丸ノ内線301号車　**B_**車外から覗ける1001号車　**C_**千代田線シミュレーター運転台のほか簡易シミュレーターも　**D_**迫力の単線シールドトンネル

1
日本初の地下鉄車両を
はじめとする車両や模型

2
地下建設の仕組みを伝える
ダイナミックな展示に夢中

3
大人や鉄道ファンもうなる
充実の特別展

information
TEL:03-3878-5011
東京都江戸川区東葛西6-3-1
開館時間:10:00-17:00
(入館は16:30まで)
休館日:月曜、年末年始
入館料:220円(子ども100円)
アクセス:東京メトロ東西線
「葛西」駅徒歩約1分
https://www.chikahaku.jp/

COLUMN

マジックハンドが2種類あるワケ

色の異なる2つのマジックハンド。銀座線と丸ノ内線では走行レールの横にあるサードレールから電気を供給する「第三軌条方式」を採用しているため、黄色の方は落とし物を拾う際に感電しないようゴムを使用しています。展示のこんな小さな箇所にも考えを深めるきっかけが潜んでいます。

ちいさな硝子の本の博物館 チイサナガラスノホンノハクブツカン

   FREE

世界中の ガラス関連専門書に囲まれ 手作りを体験

伝統的な吹きガラスの世界を知る

年々減少の一途をたどる、手作りガラスの魅力に触れられるミュージアム。こちらを運営するのは、大正時代から職人の手仕事による吹きガラスを生産してきた松徳硝子という会社です。木型など道具の展示のほか、約850冊にのぼるガラス関連の本や資料を閲覧できるコーナーを設けています。同社の前代表が若いころから収集した資料は、ガラスの専門書のほか、海外の美術関連書にまで及び、職人やデザイナーたちが製品作りに活かした資料が集まっています。また昭和後期まで製造された廃番の色ガラス製品の販売もされ、そのガラスに絵などを彫れるワークショップも大変人気です。

A_陳列されたガラス製品はどれも購入可能　**B_**図書館のように自由に閲覧できる資料　**C_**食器だけでなく委託販売によるアクセサリーも　**D_**絵付け体験は予約でいっぱい

ここが見どころ

1	2	3
館内に並ぶ 美しいガラス製品	職人たちが参照してきた ガラス関連の書籍	誰でも気軽にできる ガラス製品の絵付け体験

Fukagawa Area

A

B

C

D

information

TEL：03-6240-4065
東京都墨田区吾妻橋1-19-8 1F
開館時間：水〜日曜10:00-19:00
祝月・火曜11:00-18:00
休館日：月曜（祝日の場合は翌火曜）
入館料：無料
＊体験（事前予約制）は2750円〜
アクセス：都営地下鉄浅草線
「本所吾妻橋」駅徒歩約3分
https://chiisanaglass.jp/

COLUMN

職人の伝統を新たな形で活かす

電球用ガラスの生産工場として創業した同社では、吹きガラスによる電球に始まり、手作りの食器などを製造してきました。電球ガラス職人に求められた、薄く均一なガラスを作る技術は、飲み口も薄く、口当たりがよく仕上げた人気グラス「うすはり」に生かされています。

本図鑑では「うすはり」の裏ごしはしておりません。

たばこと塩の博物館 タバコトシオノハクブツカン

たばこのデザインや塩の結晶が美しい

　かつて政府の専売品であったたばこと塩の歴史を、1つの館に凝縮したミュージアム。

　『たばこを吸う神』のレリーフが迎える「たばこの歴史と文化」には、世界中のたばこパッケージやレトロな看板、贅の限りを尽くしたゴージャスなパイプのコレクションなど、アート作品としても魅力的な資料がズラリと並びます。

　「塩の世界」では、塩の歴史から岩塩の実物、世界遺産に登録されたヴィエリチカ岩塩坑にある礼拝堂の一部を再現したコーナーなど、透き通る美しい世界が展開されています。嗜好品であるたばこの自由な工夫と、命に欠かせない塩の思いがけない美しさ、それぞれの魅力を同時に体験できます。

A_各国のたばこの美しいポスターやパッケージからは時代背景も見えてくる　**B**_宝石のように美しい塩の結晶が並ぶ　**C**_1964年の東京オリンピックに発売された各種競技が描かれた『五輪ピース』　**D**_中央ヨーロッパの美しいパイプ

information
TEL：03-3622-8801
東京都墨田区横川1-16-3
開館時間：10:00-17:00
（入館は16:30まで）
休館日：月曜（祝日の場合は翌平日）、
年末年始
入館料：100円
（小・中・高校生、65歳以上50円）
＊展覧会によって特別料金の場合あり
アクセス：東武スカイツリーライン
「とうきょうスカイツリー」駅徒歩約10分
https://www.tabashio.jp

COLUMN

たばこから歴史が見える

近代から現代にいたるたばこの歴史を知ることができる「メディアウォール」では、当時の出来事と、販売されていたたばこのパッケージを見比べながら、時代の移り変わりを感じることができます。「ピース」のようになじみの銘柄もあれば、「チェリー」のように今は消えてしまった銘柄も。

EARTH+GALLERY

アースプラスギャラリー

食事やお酒とともに
現代美術をゆったり楽しむ

気鋭のアーティストを紹介する空間

　東京都現代美術館に程近い倉庫を改築し
たユニークな建物に、広々とした展示空間を持
つギャラリーが展開されています。

　EARTH+GALLERYは、絵画や立体作
品に限らない、さまざまなジャンルの展示が特
徴。中2階は作品を鑑賞しながら過ごすことがで
き、美術や建築、環境に関する本も多数揃うカ
フェになっています。

　明確なコンセプトに基づいた現代美術から、
映像や音楽と身体表現による舞台など幅広く展
開。ジャンルや年齢にとらわれず、新たな挑戦
をし続けるアーティストの自発的価値発見の場と
なっています。

A_2022年12月開催、塩谷良太個展風景（photo by 中田
昌志） **B**_中2階のカフェは平日もデザイナーや学生で賑わう
C_2023年8月開催、空間演出家小池博史の舞台と美術家山上
渡の舞台美術風景　**D**_2022年7月開催、土井直也個展風景

1
若手作家の作品を
ジャンルにとらわれず展示

2
知的好奇心をくすぐる
現代アートを紹介

3
食とアートがクロスする
カフェやショップ

Fukagawa Area

information
TEL：080-5658-2738
東京都江東区木場3-18-17
開館時間：企画により変動
休館日：企画により変動
入館料：無料
アクセス：東京メトロ東西線
「木場」駅徒歩約6分
https://earth-plus.com/

ギャラリーショップ

アーティスト発のSDGsプロジェクト

ギャラリーショップでは、焼末廃却処理されてきた
白煙浄食物を、ギャラリーオーナーであり竹炭の松
下座平氏の独自の炭化技術により旅にし、その炭
をまれにさまざまなアーティストが手がけたアートプ
ロダクト「UP CYCLE CHARCOAL ART PROJECT」
などを展開。もうひとつの展示室ともいえる企画展
のような造りが際立っています。

photo by フカフォト

旧市営食堂を改装した
モダンなスペース

深川東京モダン館　フカガワトウキョウモダンカン

昭和7年に建築された公営食堂「東京市深川食堂」を改修。その歴史に
ちなんだ展示や、食にまつわるイベントを開催している。国登録有形文
化財建造物に登録されており、落語や講談などのイベントも行われる。

TEL:03-5639-1776　東京都江東区門前仲町1-19-15
開館時間:10:00-18:00　休館日:月曜　入館料:無料
アクセス:東京メトロ東西線ほか「門前仲町」駅徒歩約3分

滝の音と熱帯の緑に
疲れを忘れてのんびり

夢の島熱帯植物館　ユメノシマネッタイショクブツカン

マンゴーやスターフルーツなどの熱帯植物、小笠原諸島の亜熱帯植物
などが暮らす。植物園では難しいというカカオの結実も見どころ。生きた
植物の姿を伝えるべくあえて収穫をしないため、朽ちてゆく様まで見届
けることができる。土日のガイドツアーにも探検気分で訪れたい。

TEL:03-3522-0281　東京都江東区夢の島2-1-2
開館時間:9:30-17:00(入館は16:00まで)　休館日:月曜、年末年始
入館料:250円(中学生100円、65歳以上120円、
都内在住もしくは在学の中学生以下無料)
アクセス:東京メトロ有楽町線ほか「新木場」駅徒歩約13分
https://www.yumenoshima.jp/botanicalhall

一枚の紙から広がるおりがみの世界

東京おりがみミュージアム　トウキョウオリガミミュージアム

おりがみの普及を目的に日本折紙協会が設立したミュージアム。見慣れ
た懐かしい作品から、精緻な工芸品のような作品まで、約300点が展示
される。用紙や関連書籍販売のほか、講師による作品指導も。初めて&
久しぶりにおりがみに触れたくなるはず。

TEL:03-3625-1161　東京都墨田区本所1-31-5
開館時間:9:30-17:30
休館日:HPを参照(https://www.origami-noa.jp/)
入館料:無料(企画展は有料)
アクセス:都営大江戸線「蔵前」駅徒歩約8分

 FREE

鮮やかな歌舞伎の
押絵羽子板に感動

羽子板資料館　ハゴイタシリョウカン

明治・大正・昭和の押絵羽子板を展示。押絵の題材となる歌舞伎の世界を、匠の技で見事に再現した作品や、その歴史と製作過程を見て学べる資料館。歌舞伎の流行と共に発展していった押絵羽子板を年代別に見て楽しめる。

TEL：03-3623-1305　東京都墨田区向島5-43-25
開館時間：10:00-17:00
開館日：木・金・土曜(11月上旬〜1月下旬休館)　入館料：無料
アクセス：東武スカイツリーライン「曳舟」駅徒歩約12分

©すみだ3M運動

江戸の生活を再現した
緻密な縮尺模型に興奮

江戸東京博物館　エドトウキョウハクブツカン

菊竹清訓の設計によるユニークな建物で、東京を代表する観光スポットとして親しまれている。浮世絵や着物、生活の道具など豊富な資料で当時の生活を伝えており、江戸時代の町並みを再現した大型の縮尺模型は圧巻だ。

TEL：03-3626-9974　東京都墨田区横網1-4-1
アクセス：JR総武線「両国」駅西口徒歩約3分
＊大規模改修工事のため、2025(令和7)年度中まで全館休館予定

 FREE

夜空に咲く隅田川の
花火の秘密に迫る

両国花火資料館　リョウゴクハナビシリョウカン

2尺玉から3号玉までにいたる原寸大の尺玉や、打ち上げ筒の実物を展示。隅田川の花火について学べるミュージアム。花火師の半纏も展示されており、秋冬も花火製造に忙しい花火師の仕事風景が浮かんでくるよう。

TEL：03-5637-7551
東京都墨田区両国2-10-8　住友不動産両国ビル1F
開館時間：木〜日曜の12:00-16:00
(7・8月は毎日開館　12:00-16:00)
休館日：9〜6月の月〜水曜　入館料：無料
アクセス：JR総武線ほか「両国」駅徒歩6〜10分

上野・浅草 エリア

日本随一のアートの街には
この地を愛した文人や、
日常と非日常を行き交う品が集います。
美の歴史が息づくエリアで、ほっと一息。

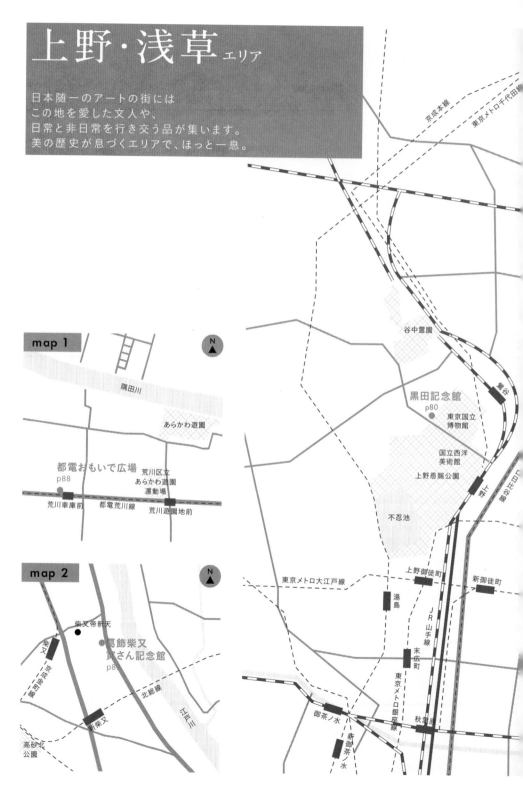

京成本線

東京メトロ千代田線

谷中霊園

鶯谷

黒田記念館
p80

東京国立
博物館

国立西洋
美術館

上野恩賜公園

上野

京浜東北線

山手線

不忍池

map 1

N▲

隅田川

あらかわ遊園

都電おもいで広場
p88

荒川区立
あらかわ遊園
運動場

荒川車庫前　都電荒川線　荒川遊園地前

map 2

N▲

柴又帝釈天

葛飾柴又
寅さん記念館
p8

京成金町線

柴又

北総線

新柴又

江戸川

高砂北
公園

東京メトロ大江戸線

上野御徒町　　新御徒町

湯島

JR
山手線

末広町

御茶ノ水

新御茶ノ水

東京メトロ銀座線

秋葉原

map 3

千住大橋

荒川自然公園

石洞美術館
p87

隅田川

荒川

東白鬚公園

南千住

JR 常磐線

つくばエクスプレス

散策がてらのんびりと
日本と世界の逸品を
探しに行こう

池波正太郎記念文庫
p82

東武スカイツリーライン

花やしき　浅草寺

浅草

太皷館
p89
田原町

浅草

東京
スカイツリー

押上（スカイツリー前）

郵政博物館 p89

押上

世界のカバン博物館 ●
p84

浅草

浅草

東京メトロ半蔵門線

錦糸公園

● 東京タロット美術館 p78

両国

JR 総武本線

錦糸町

日本文具資料館 p86

N

東京タロット美術館 トウキョウタロットビジュツカン

自分の心を映し出すタロットという鏡

　ミステリアスなカードやきらびやかな絵札がズラリと並ぶ、タロットをテーマにした日本初の美術館。5000点のコレクションの中から常時500点が展示され、その美を味わったり、カードを手に占いに興じたりと、思い思いのひとときを過ごすことができます。一枚一枚が宮廷文化を象徴するようなヴィスコンティ版や、現代の漫画家の作品、マイノリティの表現手段ともなったタロットなど、その世界の奥深さに目を見張ります。神話や心理学、自己の探究など、占いのツールにとどまらない魅力に触れるうちに、新たな運命を開く一枚に出逢えるかもしれません。

A_自由に使えるサンプルデッキやお茶のおもてなしも楽しみ
B_タロットのルーツとなったマムルーク・カード　**C**_日本でも人気のウェイト・スミス版　**D**_書籍が閲覧できるほかカードの購入も可能

1
希少価値の高い
歴史的なタロットを展示

2
多彩な絵柄の美しさや
豊かなテーマに触れる

3
タロットの世界を広げる
ライブラリーやショップ

information
TEL：メールのみ対応
東京都台東区柳橋2-4-2
Ubase浅草橋6F
開館時間：10:00-19:00
（土曜9:00-18:00）
休館日：日祝日
入館料：800円 ＊完全予約制
アクセス：JR総武線「浅草橋」駅
徒歩約3分
https://www.
tokyo-tarot-museum.art/

立ち寄りSPOT

他者との対話を楽しむカフェ

同館から5分ほど足を伸ばすと、有機的なインテリアが美しい「CAFÉ Tarot」が。街の喫茶店として愛されつつ、プラントベースのフードを提供しているため海外から訪れる人も多いとか。タロットの世界観を楽しめるほか、哲学カフェやタロット講座などのイベントも開催されています。

黒田記念館 クロダキネンカン

日本近代洋画の父・黒田清輝の 名作に一対一で向き合う

美しい館内に画家の熱い魂が宿る

　「日本近代洋画の父」と呼ばれる黒田清輝の絵画作品を展示する美術館。昭和3年竣工当時の姿そのままの厳かな雰囲気を持つ建物の中で、作品とゆったり向き合うことができます。

　詩人であり、彫刻家でもあった高村光太郎の手による黒田の胸像がいざなう「黒田記念室」では、白い壁に画家としてデビューを果たす前の素描にはじまり、油絵など、貴重な作品が展示されています。

　年3回の特別展室開室期間には、代表作である『湖畔』をはじめ4作品の鑑賞が可能。近代日本の美が詰まった館内で、なにものにも隔てられることなく作品と静かに対峙する時間は、なんとも贅沢です。

A_特別室では、キャプションを別の箇所に配し、作品をじっくり鑑賞できる　B_岡田信一郎設計の建物　C_「黒田記念室」では、時代ごとに変わる画風をたどる　D_愛用の画材も展示

1
黒田清輝の名画を
無料で鑑賞できる

2
『湖畔』などの代表作を
年に3回特別公開

3
昭和初期建築の
美しい展示施設

Ueno/Asakusa Area

information
TEL：050-5541-8600
（ハローダイヤル）
東京都台東区上野公園13-9
開館時間：9：30-17：00
（入館は16：30まで）
休館日：月曜（祝日の場合は翌平日）
入館料：無料
アクセス：JR山手線ほか
「上野」「鶯谷」駅徒歩約15分
https://www.tobunken.go.jp/
kuroda/

COLUMN

黒田の革新性を物語る『舞妓』

高橋由一の『鮭』のように重い色合いが中心だった日本の油絵において、外光を取り入れた明るい色彩を持つ黒田の作品は鮮烈な印象を残しました。その革新性をよく伝える『舞妓』からは、光に満ちた色使いと躍動的な筆の運びに、フランス帰りの黒田が京都で感じた新奇の眼差しを感じます。

池波正太郎記念文庫 イケナミショウタロウキネンブンコ

浅草と食と映画を
愛した時代小説作家の
人生をたどる

1
目の前で執筆している
ような書斎の再現

2
直筆原稿の筆跡に
創作のパワーの変遷を見る

3
丁寧に整理・保存された
遺愛品や資料の数々

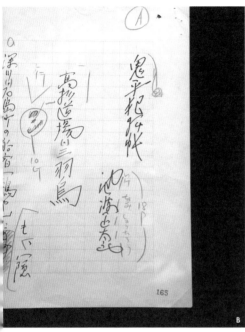

丁寧な暮らしぶりに惹き付けられる

『鬼平犯科帳』や『真田太平記』で知られる池波正太郎は、食や映画を愛し、絵も描いた趣味人でもありました。そんな氏の人生と時代小説の魅力に触れられるこの記念文庫は、書斎や自筆原稿、遺愛品が並ぶ展示コーナーと、時代小説の初版本や研究書を集めた時代小説コーナーからなっています。脂の乗り切った時期の勢いのある自筆原稿と、晩年の静かな筆跡の差には、そのエネルギーの変遷が表れています。

遺愛品の展示は、ぜひ執筆時期を概観できる年表とあわせて鑑賞を。複数の人気作品が並行するハードな日々にもかかわらず、自身の作品に関する切り抜きや写真などがとても丁寧に整理されており、その姿勢には誰もが思わず居住まいを正してしまいます。

A_書く作品によって、資料を入れかえていた　B_横長のマス目を持つ専用の原稿用紙　C_代表作の初版本が並ぶ。氏が装丁に関わったもの。直木賞受賞作など常時約3000冊の閲覧が可能な時代小説コーナーもある

information
TEL:03-5246-5915
東京都台東区西浅草3-25-16
台東区生涯学習センター1F
台東区立中央図書館内
開館時間:9:00-20:00
(日曜・祝日9:00-17:00)
休館日:第3木曜
入館料:無料
アクセス:つくばエクスプレス
「浅草」駅徒歩約5分
https://library.city.
taito.lg.jp/ikenami/
index.html

COLUMN

子どもの頃から才覚を発揮

東京市西町尋常小学校の通信簿を見ると、国語、算数のみならず、書画、歌唱などの科目にも「甲」の字がズラリ。氏は家庭の事情により、尋常小学校卒業後に奉公に出て社会のいろはを学んだという。作家として異例の経歴を持ちますが、幼い頃から才能を発揮していたことが想像できます。

世界のカバン博物館 セカイノカバンハクブツカン

革や布だけじゃない！
世界のカバン約700点が勢揃い

珍素材やデザインの地域差を楽しむ

　1940年創業の総合カバンメーカー、エース株式会社のミュージアム。創業者・新川柳作氏のコレクションを中心に、約50カ国のカバン約700点が集められています。

　「世界のカバンコレクション」のコーナーは、ヨーロッパ、アフリカ、アメリカ、オセアニア、アジアの五大陸に分かれ、ゾウ、シマウマ、センザンコウなど珍しい動物の革を使った貴重なものがズラリと並びます。デザインや素材の違いを通して、お国柄や歴史までも見えてくるのが、なんとも面白いところ。長嶋茂雄、羽生結弦、アントニオ猪木など各氏の愛用したカバンも多数展示され、その人柄までも浮かんでくるようです。

A_ヨーロッパのコーナーにはゾウのスーツケース　B_孔雀の羽根を使った台湾のバッグ　C_日本の鮭とうなぎのカバン。素材は各国の食生活も反映　D_西園寺公望のキャビントランク

1
世界五大陸のカバンが
一堂に会する

2
珍しい素材を使った
カバンが揃う

3
カバンの個性から見える
お国柄や時代背景

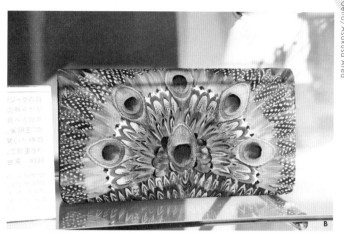

information
TEL:03-3847-5680
東京都台東区駒形1-8-10
開館時間:10:00-16:30
休館日:日曜・祝日(不定休あり)
入館料:無料
アクセス:都営地下鉄浅草線
「浅草」駅徒歩約1分
https://www.ace.jp/museum

立ち寄りSPOT

意外な「日本初」を発見できる

同ビル8Fにある「新川柳作記念館」では、創業者の人生をたどりながら、革素材が中心だったカバン業界に新風を巻き起こした、日本初のナイロンバッグや、国産スーツケースの歴史を知ることができます。海外旅行が本格化した70年代の懐かしい広告も見どころのひとつ。

日本文具資料館

ニホンブングシリョウカン

   FREE

ここが見どころ

1
約1000点の
文具がひしめきあう

2
歴史上の人物
ゆかりの品々

3
レトロな商品パッケージや
看板のデザイン

information
TEL:03-3861-4905
東京都台東区柳橋1-1-15
開館時間:13:00-16:00
休館日:土・日曜・祝日
入館料:無料
アクセス:JR総武線ほか
「浅草橋」駅徒歩約5分
http://www.
nihon-bungu-shiryoukan.com/

古代から21世紀にわたる1000点超の文具

　紀元前エジプトの石版に文字を書くためのスタイラスから、21世紀の最新文具までを揃えた博物館。伊達政宗や徳川家康が使った鉛筆のレプリカといった珍品や、当時は家が1軒買えるほど高額だったカシオ計算機の第一号モデルも鎮座。

　見慣れた文房具の歴代モデルや、ファーバーカステルの100年以上前の鉛筆箱、明治か

ら昭和に至る鉛筆箱の掛紙など、レトロなデザインにも目を引かれます。小さいながらひしめきあうように文具が並ぶなか、さりげなく勝海舟ら幕末三舟の掛軸の実物も飾られ、うっかりすると見逃しそうな場所にもお宝が潜んでいます。

A_中国の美しい硯や、日本初の携帯用文具「矢立」などが並ぶ
B_最近すっかり見かけなくなった懐かしの蝋石や、紙製の石盤

石洞美術館 セキドウビジュツカン

ここが見どころ

1
陶磁器や仏像など
世界各地の文化

2
知識がなくても
楽しめる丁寧な展示

3
楼閣のような
東洋風の建物

information
TEL：03-3888-7520
東京都足立区千住橋戸町23
開館時間：10：00-17：00
（入館は16：30まで）
休館日：月曜（祝日の場合は翌火曜）
＊長期休館期間あり
入館料：500円（学生300円）
アクセス：京成本線「千住大橋」駅
徒歩約3分
https://sekido-museum.jp

ユニーク建築と東洋の素朴な美を味わう

　千住金属工業株式会社の社長・会長を務め、「石洞」の雅号を持つ佐藤千壽氏の集めた各国の美術・工芸品を公開。素朴な味わいや親しみやすさを感じさせる、陶磁器や漆器、仏教美術など約100点が展示され、訪れるたびに違った姿を見せます。中国風の建物に収められている作品は、どれも愛らしく、素朴さを

感じるものばかり。緩やかなスロープに誘われ、丁寧な展示をじっくり眺めると、作品に描かれた当時の人々の理想の生活の中に、日本人の外国への憧れや、文化を超えて変わらない美術品に託した人々の願いが感じ取れます。

A＿駅を降りると目の前に現れる「双鶴楼」の中に美術館がある
B＿スロープはグッゲンハイム美術館をヒントにしたもの

都電おもいで広場 トデンオモイデヒロバ

ここが見どころ

1
実際に走っていた都電の
車両内に入って見学できる

2
運転手さんのお仕事グッズや
メモリアル資料がいっぱい

3
模擬運転台や降車ブザーなど
体験型の展示

information
TEL:03-3816-5700
(東京都交通局お客様センター)
東京都荒川区西尾久8-33-7
開場時間:土・日・祝日(振替休日含む)
10:00-16:00
開場日:土・日・祝日のみ開館
(年末年始は休場)
入場料:無料
アクセス:都電荒川線
「荒川車庫前」停留場すぐ
https://www.kotsu.metro.
tokyo.jp/toden/
kanren/omoide.html

往 年 の 名 車 に 都 電 愛 が あ ふ れ る

　現在も東京の街を走る都電荒川線。東京都交通局有志の方々による「だるま会」が廃車になった都電車両を自費で修復していましたが、東京都交通局庁舎跡地が安住の地となり、小さなミュージアムが生まれました。昭和29年製造の5501号車の中には、模擬運転台やジオラマのほか、都電を象徴する「チンチン」

の音を鳴らすことができるボタンも。昭和37年製造の7504号車内には、保存のストーリーが詰まった資料や、複数の路線があった時代の路線図が。ただの鉄の塊ではない生きた電車の体温を感じる場所です。

A_車両には往時を物語る停留場名が見える　**B**_荒川線の主力であった7000形のメモリアル資料や運転手さんの道具の数々

切手や郵便の歴史がわかる

郵政博物館　ユウセイハクブツカン

日本の郵便・通信の歴史を紹介する博物館。約33万種の切手のほか、国内外の郵政に関する資料約400点を展示。バイクでの郵便配達を疑似体験できるシミュレーションゲーム『Go！Go！ポストマン』など、楽しく遊びながら学べる体験型の展示も。

TEL：03-6240-4311
東京都墨田区押上1-1-2 東京スカイツリータウン・ソラマチ9F
開館時間：10：00-17：30　休館日：不定休　入館料：300円ほか
アクセス：東京メトロ半蔵門線ほか「押上（スカイツリー前）」駅すぐ

各国の打楽器
200点の音色を楽しむ

太皷館　タイコカン

太鼓や神輿の老舗、宮本卯之助商店が、アジア・アフリカ・ヨーロッパ・アメリカの各国から蒐集してきた太鼓約900点を収蔵、約200点を展示している。多くの太鼓は実際に叩くことができ、来館者同士のセッションになることも珍しくない。

TEL：03-3842-5622　東京都台東区西浅草2-1-1 4F
開館時間：11：00-16：00（最終入館15：00）
休館日：月・火曜　入館料：500円ほか
アクセス：東京メトロ銀座線「田原町」駅徒歩約2分

『男はつらいよ』の世界を
歩くひととき

葛飾柴又寅さん記念館
カツシカシバマタトラサンキネンカン

大船撮影所から移設された「くるまや」のセットの実物や、映画で使用された衣装やトランクなどを展示。館内に再現された昭和の街並みや数々の名場面の映像が、遠い記憶へと誘う。併設の山田洋次ミュージアムと共に、のんびり映画の世界に浸りたい。

TEL：03-3657-3455　東京都葛飾区柴又6-22-19
開館時間：9：00-17：00
休館日：毎月第3火曜・12月第3火曜～木曜
入館料：500円（小中学生300円）　＊山田洋次ミュージアムとの共通券
アクセス：京成「柴又」駅徒歩約8分

葛飾柴又寅さん記念館©松竹（株）

新宿・世田谷エリア

賑やかな繁華街と閑静な住宅街。
ふたつの顔を見せるこのエリアは、
文豪や文化人ゆかりの地。その人生に思いを馳せながら、
ゆったり読書も乙なもの。

JR中央・総

東京メトロ丸ノ内線

京王線

芦花公園

八幡山

千歳烏山

● 世田谷文学館 p102

蘆花恒春園 ●
p103

下高井戸

東急世田谷線

豪徳寺

経堂

坂の宮

千歳船橋

祖師ケ谷大蔵

小田急小田原線

東京農業大学「食と農」の博物館
p104

駒沢大学

馬事公苑

駒澤大学禅文化歴史博物館
p101 ●

新宿区立
林芙美子記念館
p105

新井薬師前

中井

落合

JR山手線

西武新宿線

高田馬場

早稲田大学坪内博士
記念演劇博物館
p92

早稲田
大学

早稲田

東京メトロ東西線

東中野

都営大江戸線

中野坂上

西新宿

新宿アイランドタワー

ニコンプラザ東京
p105

文化学園服飾博物館
p104

新宿パークタワー

東京オペラシティ
アートギャラリー p96

初台

幡ヶ谷

西武新宿

新宿

新宿三丁目

都営新宿線

新線新宿

南新宿

市谷の杜 本と活字館
p100

曙橋

釣り文化資料館 p104

東京メトロ南北線

市ヶ谷

東京おもちゃ美術館
p94

消防博物館 p103

新宿御苑前

四谷三丁目

四ツ谷

新宿御苑

新宿御苑

The Artcomplex
Center of Tokyo
p98

迎賓館

明治神宮

明治神宮
野球場

代々木公園

渋谷

東急田園都市線

茶屋

暮らしの中に
潜む美と
文学に出逢う場所

N
▲

早稲田大学坪内博士記念演劇博物館

ワセダダイガクツボウチハカセキネンエンゲキハクブツカン

劇場をイメージした館で
古今東西の演劇を紐解く

100万点超の膨大な演劇コレクション

　早稲田大学のキャンパス内に、16世紀イギリスの劇場「フォーチュン座」を模して設計されたアジア唯一の演劇専門博物館。能面や歌舞伎衣裳のほか、台本や小道具など、収蔵品はなんと100万点超。毎日通っても見切れない膨大な資料が、美しい館内に凝縮されています。

　日本の民俗芸能のコーナーが充実しているだけでなく、アングラ演劇から現代演劇、テレビ関連の資料なども網羅しています。

　厳かな伝統や民衆のエネルギーを伝える資料のほか、有名女優が使用した衣装やメイク道具が展示されることも。時流に沿った演劇関連の展示を行う、2階の企画展も見逃せません。

A_早稲田大学キャンパスの一角に現れるロマンティックな建築
B_面など、海外の資料も収蔵　C_館内はどこも美しい　D_有名女優のドレスや、貴重な劇団ポスターなどが並ぶ

1
台本から衣裳まで
膨大なコレクション

2
イギリスの劇場を模した
美しい建築

3
古典芸能から現代演劇に
わたる幅広い展示

information
TEL：03-5286-1829
東京都新宿区西早稲田1-6-1
開館時間：10:00-17:00
（火・金曜は19:00まで）
休館日：不定休
入館料：無料
アクセス：東京メトロ東西線
「早稲田」駅徒歩約7分
https://enpaku.w.waseda.jp/

館創設者の部屋

逍遥記念室の羊モチーフ

2階の逍遥記念室は、博物館の創設者であり小説家、評論家、翻訳家、劇作家として活躍した、坪内逍遥が使用していた部屋。現在は著書や原稿が展示されています。本人が未年生まれであったことから、室内には羊モチーフの愛蔵品が点在し、天井にも羊のレリーフが見られます。

東京おもちゃ美術館 トウキョウオモチャビジュツカン

大人も子どもも楽しめる！
約１万５０００点のおもちゃで
めいっぱい遊ぶ

A

1
木のあたたかみを活かした
たくさんのおもちゃ

2
小学校を改装した
ユニークな空間

3
ボランティアスタッフによる
パフォーマンス

おもちゃを愛する大人が作る美術館

「人間が初めて出会うアートはおもちゃ」という理念のもと、日本の伝承玩具から世界のおもちゃまで、100カ国10万点以上に及ぶおもちゃを所蔵しているミュージアム。古い小学校を改装した館内は、当時の理科室や音楽室などをそのまま使用しており、歩いているだけでも小学生に戻ったような懐かしい胸の高鳴りを覚えます。館内のおもちゃのほとんどは実際に触って遊べて、大人も楽しめるゲームも豊富です。

展示と同じくらいすばらしいのが、「おもちゃ学芸員」と呼ばれるスタッフ。けん玉のプロや、紙芝居屋さんのように読み聞かせが上手な人、科学おもちゃの達人など、愛にあふれるスタッフが来館者を楽しませてくれます。

A_鳥かごをイメージした杉のセンターハウスがある「おもちゃのもり」　**B**_木の香りに包まれてゆったり遊べる「赤ちゃん木育ひろば」　**C**_世界各国のボードゲームには大人も思わず夢中に　**D**_"遊びの案内人"のおもちゃ学芸員さん

information
TEL:03-5367-9601
東京都新宿区四谷4-20 四谷ひろば内
開館時間:10:00-16:00
(最終入館は15:30まで)
休館日:木曜(2月と9月特別休館あり)
入館料:1100円
(6ヶ月以上小学生以下800円)
＊オンラインチケット事前購入の場合。
当日受付は各200円増、
定員を超える場合入場不可
アクセス:東京メトロ丸ノ内線
「四谷三丁目」駅徒歩約7分、
都営新宿線「曙橋」駅徒歩約8分
https://art-play.or.jp/ttm/

ミュージアムショップ

国内随一の国産木製玩具の品揃え
来館者以外も利用できるミュージアムショップアプティには、日本全国の作家さんのおもちゃがズラリ。1歳から回せる「にぎにぎこま」などが大人気です。おもちゃ作家さんと直接やり取りをしている店員さんから、おもちゃ製作のこぼれ話も聞くことができます。

東京オペラシティ アートギャラリー

トウキョウ オペラシティ アートギャラリー

最先端の美術が鑑賞できる
洗練されたホワイトキューブ

広い空間で観る上質な企画展

　コンサートホールもある複合施設オペラシティ内にある、現代アート中心の美術館。開放的な空間の展示室では、国内外で活躍する作家の絵画、彫刻、映像、ファッションなど多岐にわたる企画展を開催しています。

　空間が作品に干渉しないよう、装飾などをできるだけ排除し、調光等に配慮する「ホワイトキューブ」の考えに基づいた展示室で、鑑賞

に没頭できます。シンプルな展示室は企画によって大きく印象が変わり、別の美術館に来たような驚きを与えてくれるはず。

　美術収集家・寺田小太郎氏のコレクションによる収蔵品は、難波田龍起・史男父子の作品を中心に、個人収集家の視点が楽しめます。

A_天井高を活かしたボリュームある展示　B_約4000点にのぼる寺田コレクション　C_吹き抜けや窓の開放感も清々しい

1
広い空間で観る
珠玉の現代アート展

2
鑑賞に没頭できる
シンプルな展示室

3
戦後の日本の美術を
中心とした収蔵品

ライアン・マッギンレー　BODY LOUD! Courtesy the artist

information
TEL:050-5541-8600
（ハローダイヤル）
東京都新宿区西新宿3-20-2
開館時間:11:00-19:00
（入館は閉館30分前まで）
休館日:月曜(祝日の場合は翌平日)
入館料:1400円(高・大学生800円)
アクセス:京王新線
「初台」駅徒歩約5分
https://www.operacity.
jp/ag/

ブックショップ

選りすぐりのアートブックをお土産に

<<Gallery5>>は、「5番目の展示室」を意味する
ミュージアムショップ。ポストカードをはじめとする
展覧会の関連商品のほか、洋書を中心とした美術
書、現代美術のアーティストによる作品などがライ
ンナップされています。国内外の最新のアートブッ
クはマニアックで面白いものが揃います。

撮影／Kenta Hasegawa

The Artcomplex Center of Tokyo

アートコンプレックスセンター

さまざまな広さの
5つの部屋で
異なる美の世界を横断

日々新たなアートに出会える

2007年にオープンし、中世ヨーロッパ風のレンガ造りの建物の中に5つの展示室を設けた、アートの複合施設。独立したそれぞれの部屋が、どれもまったく異なるアートの世界を見せてくれます。そのジャンルは絵画や立体作品のほか、アクセサリーの展示、学生の作品発表会など多岐にわたります。インスタレーションや演劇などの空間を生かした展示や、コンセプトに特化

した展覧会イベントの開催など、自由度の高い展示が開催されることも。訪れるたびに、世界で活躍する新進気鋭の作家に出会えるかも。1階にはレストランも併設され、ランチに行く気持ちで気軽にアートに触れられます。

A_アンティーク感漂う建築。家具は南仏から輸入　**B**_ACT1からACT5という名の展示室で独立した展覧会を開催　**C**_絵画展や空間を大胆に使ったインスタレーションも

1
一度に5つの
異なる展示を楽しめる

2
ロマンティックな
アンティーク風の建築

3
お気に入りの
新人作家を見つけられる

information
TEL：03-3341-3253
東京都新宿区大京町12-9 2F
開館時間：11:00-19:00
休館日：月曜
入館料：無料
アクセス：東京メトロ丸ノ内線
「四谷三丁目」駅徒歩約7分
http://www.
gallerycomplex.com/

COLUMN

気になった部屋にふらりと入ろう

回廊を挟んで、ズラリと展示室が並びます。基本的にはどの部屋にも無料で入れるので、さんぽに来たような気軽な気持ちで、「気になった部屋に入ってみよう」なんていう楽しみ方も。建物が奥まった構造になっているのでくれぐれも見逃さないように！

市谷の杜 本と活字館

イチガヤノモリ ホントカツジカン

A

B

ここが見どころ

1
美しい建物の中に
整然と並ぶ活字

2
活版印刷に携わる
職人の生きた技を見学

3
本作りを体験できる
ワークショップが豊富

information
TEL:03-6386-0555
東京都新宿区市谷加賀町1-1-1
開館時間:10:00-18:00
休館日:月・火曜
入館料:無料(イベントは予約制)
アクセス:東京メトロ南北線ほか
「市ケ谷」駅徒歩約10分
https://
ichigaya-letterpress.jp/

今 も 活 字 が 生 き る 美 し き 館

　ウマと呼ばれる棚に、重厚に光る活字がぎっしり。ここは、『広辞苑』などに使われる秀英体という書体を生んだ大日本印刷のミュージアムです。同社が活版印刷事業を終えた今も活字を保存し、活字を拾う「文選」、文字を組む「植字」などの魅力を伝えています。多彩なワークショップも特徴で、中には4ヵ月かけて文選

から製本まで行い1冊の本を作り上げる企画も。活字のずっしりとした重みや、いくつもの文字を生み出した鋳造機、まっすぐな職人さんのまなざしから、「もの」としての本の力強さを再認識させられます。

A_職人さんの作業も見学できる　B_大正15年竣工当時の姿
に復元された工場の営業所棟が美しい展示室に生まれ変わった

駒澤大学禅文化歴史博物館

コマザワダイガクゼンブンカレキシハクブツカン

ここが見どころ

1
修行僧の暮らしと
禅の歴史を伝える展示

2
体験型の展示で
お坊さん気分を味わう

3
仏教&日本文化を伝える
イベントや講座も豊富

information
TEL:03-3418-9610
東京都世田谷区駒沢1-23-1
駒澤大学キャンパス内
開館時間:10:00-16:30
休館日:土曜(第3は除く)
日曜、祝日、大学の休業日
入館料:無料
アクセス:東急田園都市線
「駒沢大学」駅徒歩約11分
https://www.komazawa-u.
ac.jp/facilities/museum/

「禅ってなに？」を知る体験型博物館

　美しい建物の扉を開けると、ステンドグラスの柔らかな光を浴びる仏さまが。ここでは、"だるまさん"でおなじみのインド僧・達磨大師に始まり、鎌倉時代の道元禅師が中国から伝えた禅の歴史が紹介されています。複雑な流れがすっと伝わるパネル展示が大変わかりやすく、禅が海外からも熱いまなざしを注がれる理由を体系的に伝えています。日常の全てを修行として大切にする教えから、坐禅や写経、僧侶が用いる楽器"鳴らしもの"まで体験できるのもまたとない魅力。僧堂の凛とした空気を想像しながら、体感してみてください。

A_曹洞宗寺院の学問所を母体とする駒澤大学の旧図書館が博物館に　**B_**修行僧が暮らす「単」を再現。自由に坐禅ができる

世田谷文学館 セタガヤブンガクカン

ここが見どころ

1
きらびやかで妖しげな
ムットーニのからくり箱

2
横溝正史など文豪達の
貴重な収蔵品

3
文学の「今」がわかる
企画展に注目

information
TEL:03-5374-9111
東京都世田谷区南烏山1-10-10
開館時間:10:00-18:00
休館日:月曜(原則)
入館料:200円(高・大学生150円、
65歳以上100円)
＊企画展料金は内容により異なる
アクセス:京王線
「芦花公園」駅より徒歩約5分
喫茶どんぐり 11:00-17:00
(ラストオーダー
お食事15:00、ドリンク16:30)
https://www.setabun.or.jp/

不思議な『からくり箱』が誘う文学の世界

　数多くの文学者が居を構えた世田谷の地。横溝正史や海野十三ら区ゆかりの作家の資料を収蔵する他に、コレクション展や企画展を開催しています。特筆すべきは、"ムットーニ"の呼称で知られる美術家・武藤政彦氏による『からくり箱』。きらきらと輝く美しい箱の中で、朗読、光、音楽が展開され、文学作品の世界へ誘います。

村上春樹『眠り』、中島敦『山月記』、萩原朔太郎『猫町』、海野十三『月世界探険記』、レイ・ブラッドベリ作品を原作とした『ALONE RENDEZVOUS』など。不思議な世界観に魅せられる人も多いのだとか。

A_海野十三『月世界探険記』のクライマックス、ロケットが発射されるシーン　**B_**映画、音楽など幅広く文学をとらえた展示

蘆花恒春園 <small>ロカコウシュンエン</small>

 FREE

ここが見どころ

1
雑木林にたたずむ
茅葺きの書院

2
記念館に残る
遺品や作品

3
緑豊かな公園を
散策する

A

B

information
TEL：03-3302-5016
東京都世田谷区粕谷1-20-1
開館時間：9:00-16:30
（徳冨蘆花旧宅、蘆花記念館は
16:00まで）
休館日：12月29日-1月3日
入館料：無料
アクセス：京王線
「芦花公園」「八幡山」駅
徒歩約15分、
京王線「千歳烏山」駅より
京王バス「蘆花恒春園」徒歩約7分

蘆 花 が「恒 春 園」と 名 づ け て 愛 し た 旧 邸

　蘆花恒春園内にたたずむ、徳冨蘆花の旧邸。『不如帰（ほととぎす）』などの小説を残した蘆花が20年を過ごした地に、身辺具や原稿などの遺品が展示されています。心酔していたトルストイとロシアで5日間も語り合う経験を経て、この地で晴耕雨読の生活を始めた蘆花。同志社の恩師、新島襄の影響もあり、遺品にモダンさを感じさせる西洋風のアイテムが多く見られます。3棟から成る旧宅は、当時のまま保存されています。見どころは、もっぱら原稿を執筆したという梅花書屋と秋水書院。緑豊かな公園散策を楽しみながら、蘆花に思いを馳せて。

A_記念館には、年表や巧みな自筆のスケッチなども　**B**_雑木林にたたずむ茅葺きの梅花書屋。右手に母屋が

酒造からニワトリ標本まで
幅広い食の展示

東京農業大学「食と農」の博物館
トウキョウノウギョウダイガク　ショクトノウノハクブツカン

「見る・聞く・触る」がテーマの体験型博物館。ユニークな建物は隈研吾氏の設計。日本酒の蔵元の約5割は東京農大出身といわれ、卒業生の蔵元の銘酒280本がズラリと並ぶ様は圧巻。隣接する大温室にはキツネザルほか珍しい動物たちも。

TEL:03-5477-4033　東京都世田谷区上用賀2-4-28
開館時間:9:30-16:30　休館日:日曜、月曜、祝日、大学が定めた日
入館料:無料　アクセス:小田急線「経堂」駅、「千歳船橋」駅徒歩約20分

着物、ドレス、民族衣装と
幅広く所蔵

文化学園服飾博物館
ブンカガクエンフクショクハクブツカン

日本でも有数の服飾資料を有する博物館。十二単や能装束からヨーロッパのドレス、オート・クチュールのデザイナー作品、民族衣装まで、世界の珍しいファッションを所蔵。年4回の企画展の多彩な衣装を通して、服飾の歴史だけでなく人間の営みが立体的に浮かび上がる。

TEL:03-3299-2387　東京都渋谷区代々木3-22-7
開館時間:10:00-16:30　休館日:日曜・祝日　入館料:500円ほか
アクセス:JR山手線ほか「新宿」駅徒歩約7分

和竿など伝統的な釣具を展示

釣り文化資料館　ツリブンカシリョウカン

『週刊つりニュース』が運営する全国初の本格的な釣りの博物館。約150点の和竿をはじめ、魚籠、書籍など、あらゆる資料が一堂に会する。今や東京湾の幻となったアオギス釣り用の脚立も展示。ファンならずとも一度は訪れてみたいスポットだ。

TEL:03-3355-6401　東京都新宿区愛住町18-7
開館時間:12:00-17:30(最終入館17:00)
休館日:木・金・年末年始(ほか臨時休業あり)　入館料:無料
アクセス:都営新宿線「曙橋」駅徒歩約5分

昭和の女流作家に思いを馳せる

新宿区立 林芙美子記念館
シンジュククリツ ハヤシフミコキネンカン

『放浪記』、『浮雲』などで知られる林芙美子の終の棲家を公開。当時のままの住まいからは、客間以上に生活空間にこだわった彼女の思考が垣間見える。画家であった夫・緑敏のアトリエでは、芙美子愛用の品や資料なども鑑賞できる。

TEL：03-5996-9207　東京都新宿区中井2-20-1
開館時間：10:00-16:30（入館16:00まで）
休館日：月曜（月曜が休日にあたるときは翌平日）　入館料：150円ほか
アクセス：都営大江戸線ほか「中井」駅徒歩約7分

目玉の展示は
屋外の消防ヘリコプター

消防博物館　　ショウボウハクブツカン

江戸時代からの消防の歴史や、大正時代以降に活躍した消防車などを展示。屋上にも実際に使われた消防ヘリコプターがあり、操縦席で消防隊の気分が味わえる。コンパクトなビルにポンプ車やはしご車が所狭しと並ぶ様は圧巻！消防隊員の制服も着ることができる。

TEL：03-3353-9119　東京都新宿区四谷3-10
開館時間：9:30-17:00（最終入館16:30）
休館日：月曜、年末年始、館内整備日　入館料：無料
アクセス：東京メトロ丸ノ内線「四谷三丁目」駅2番出口直結

楽しい発見や学びが
詰まったサロン

ニコンプラザ東京　ニコンプラザトウキョウ

50年以上の歴史を持つ「ニコンサロン」と、「THE GALLERY」の2つの会場で写真展を開催。作家によるトークなどのイベントも。併設のショールームでは窓の外に広がる東京の街を見下ろしながら、最新製品や撮影のヒントになるアイテムに出会える。

TEL：0570-02-8080（ナビダイヤル）
東京都新宿区西新宿1-6-1 新宿エルタワー28F
開館時間：10:30-18:30
休館日：日曜ほかハイシーズン等（年により異なる）
入館料：無料　アクセス：JR中央線ほか「新宿」駅徒歩約3分
https://www.nikon-image.com/support/showroom/tokyo/

池袋 エリア

往年の名建築とともに楽しむ
絵画や文学、漫画などの
サブカルチャーも魅力のエリア。
隠れ家的な名館が集まる地をゆったり楽しんで。

map 1

●豊島区立
千早図書館

●豊島区立
熊谷守一美術館
p112

要町

東京メトロ有楽町線

旧江戸川乱歩邸
p116

立教大学●

東長崎

西武池袋線

椎名町

南長崎花咲公園

ブックギャラリーポポタム
p121

西武池袋線

豊島区立トキワ荘
マンガミュージアム p118

落合南長崎

都営大江戸線

●豊島区トキワ荘通りお休み処 p119

N

map 2

赤羽

JRまちとくらしの
ミュージアム
p110

JR京浜東北線

東武東上線

都営三田線

JR埼京線

大泉学園

西武池袋線

東京メトロ有楽町線
東京メトロ副都心線

練馬城址
公園

飛鳥山

荒川線

紙の博物館
p120

練馬区立
牧野記念庭園
p108

練馬区立美術館
p117

中村橋

都営大江戸線

JR山手線

池袋

西武新宿線

N

map 3

Ikebukuro Area

JR埼京線

JR山手線

ちょっと足を伸ばして
あたたかな雰囲気の
穴場を訪れる

●旧江戸川乱歩邸 p116
●立教大学
東京芸術劇場●
池袋
●西武池袋本店
サンシャイン劇場 ●

東京メトロ有楽町線

●自由学園明日館 p121

東池袋
東池袋四丁目
都電荒川線

●ブックギャラリーポポタム p121

西武池袋線

雑司が谷霊園

目白

鬼子母神前

学習院大学

●切手の博物館 p114

学習院下

目白台運動公園

面影橋

神田川

永青文庫 ●
p121

東京メトロ東西線

早稲田

N
▲

練馬区立牧野記念庭園 *ネリマクリツマキノキネンテイエン*

日本植物分類学の父が愛した緑の庭に笑顔があふれる

晩年の約30年を過ごした地を訪れる

幕末生まれの植物学者、牧野富太郎博士。朝ドラ『らんまん』のモデルともなった博士が晩年を過ごした邸宅の庭が、緑あふれる記念庭園になりました。敷地の多くを占めるのは、博士が「我が植物園」と呼んで愛した庭園です。博士と人生を共にした樹木や、愛妻の名を冠したスエコザサ、どこからともなくやってきて仲間入りした草花が、のびのびと葉を広げています。

園内には、博士による植物図や標本となった植物、採集道具などを展示する記念館のほか、書斎と書庫の一部の保全展示も。94歳で亡くなる前年まで研究を続けた博士の情熱を生き生きと伝え続けています。

A_書屋展示室には書物が所狭しと　B_採集資料を運ぶ「牧野式胴乱」が目を惹く　C_植物図は季節に沿って入れ替わることも　D_300種類以上の植物が生きる庭

1
牧野富太郎博士が
晩年を過ごした地

2
植物図や標本実物のほか
愛用の採集道具も

3
博士の頭の中を覗けるような
書斎の再現

information
TEL:03-6904-6403
東京都練馬区東大泉6-34-4
開園時間:9:00-17:00
休園日:火曜(祝休日の場合は
その直後の祝休日でない日)
年末年始(12月29日〜1月3日)
入園料:無料
アクセス:西武池袋線
「大泉学園」駅約徒歩5分
https://www.
makinoteien.jp/

カフェ

博士の朝はこの一杯から始まる

青屋展示室近くのキッチンカーでは、博士が初頭
豆を抱いて愛飲していたというブラジル＆モカブレン
ドのコーヒーが楽しめます。緑に包まれながら感覚
を研ぎ澄ませて味わえば、笑顔で夢を貫く力が湧い
てくるかも。博士の庭を訪れた蝶のような気持ちに
なって、ゆったり時を過ごしてみては。

URまちとくらしのミュージアム ユーアールマチトクラシノミュージアム

光あふれる団地の一角に
昭和の暮らしがよみがえる

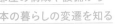

1
実際の団地の部材を使い
当時の部屋を復元

2
部屋の構成や設備から
日本の暮らしの変遷を知る

3
住む人と街づくりのリアルを
伝えるツアーの解説

懐かしい風景に当時の技術と夢が

　一棟の建物の中に、地域も時代もさまざまな団地の一室を丸ごと復元した、ユニークな構成の展示施設。事前予約制のツアーを実施しており、タイムトラベラー気分で各戸に足を踏み入れることができます。関東大震災からの復興に寄与した同潤会の代官山アパートメントや、ダイニングキッチンの先駆けとなった蓮根団地。柱の傷にも、当時の人々の夢やリアルな日常が詰まっています。住民の表情が浮かぶようなこぼれ話を交えた解説がとても楽しく、ツアー参加者から飛び出す意外な質問にもワクワク。何度も訪れて深掘りしたくなるミュージアムです。

A_1957年入居開始の蓮根団地　**B**_ミュージアム棟内に4地区6戸を復元　**C**_同潤会アパートメントには食堂や娯楽室を持つ物件も　**D**_壁に並ぶ住宅部品

information
東京都北区赤羽台1-4-50
開館時間：10:00-17:00 ＊事前予約制
休館日：水曜・日曜・祝日
入館料：無料（予約制）
アクセス：JR東北本線「赤羽」駅西口から
徒歩約8分
https://akabanemuseum.ur-net.go.jp/

COLUMN

現役の団地と溶け合うミュージアム

現役の団地「ヌーヴェル赤羽台」の風景に溶け込むように建つ同館。ミュージアム棟だけでなく、登録有形文化財となっている「スターハウス」や「ラボ41」など複数の建物から成り、その背景までもがミュージアムのよう。団地と街がグラデーションのようにつながっていることを感じます。

豊島区立熊谷守一美術館 クマガイモリカズビジュツカン

芸術家の旧邸跡で
ユニークな建物と
油絵を楽しむ

1
波打つような不思議な
展示室で作品に没頭

2
コンクリートの
特徴的な建築にも注目

3
3階貸しギャラリーでの
展示も行う

守一の見つめた世界と人生をたどる

　住宅街に突然現れる、コンクリート打ちっ放しの存在感ある建物。画家の熊谷守一（1880-1977）の旧宅跡に建てられた美術館は、守一の次女であり、画家の熊谷榧氏（1920-2022）が1985年に開館したもの。1・2階の展示スペース、3階の貸しギャラリーから成り、訪れた人は、まず外観に大きく描かれた守一の愛らしい蟻のレリーフに出迎えられ、遊び心ある世界に誘われます。

　油絵約30点、書・墨絵約30点が展示され、初期から晩年の作品までじっくりと鑑賞できます。毎年5月中旬の開館記念日をはさんで数ヵ月間は開館記念展を開催。3階の貸しギャラリーまで展示を広げ、美術館全体が、守一一色に染まります。

A_波打つようにカーブした壁に、斜めになった床が特徴的な1階の展示室は、作品のためにしつらえたようにぴったり　B_優美なカーブを描く窓越しに、前庭の緑が望める　C_ゆったりくつろげる内観　D_人気の高い晩年の油絵も観られる

information
TEL：03-3957-3779
東京都豊島区千早2-27-6
開館時間：10:30-17:30
（入場は17:00まで）
休館日：月曜
入館料：500円（高・大学生300円、小・中学生100円、小学生未満無料）
アクセス：東京メトロ副都心線
「要町」駅より徒歩約9分
http://
kumagai-morikazu.jp/

COLUMN

守一をイメージした内観にも注目

ICD建築設計事務所の岡本世氏が設計した建物は、建築の専門家もたびたび足を運ぶというこだわりの造り。扉のノブには守一の作品があしらわれていたり、展示室の床が斜めになっていたりと、守一を彷彿させる意匠がそこかしこに見られます。個性的なインテリアは榧氏の手によるものです。

切手の博物館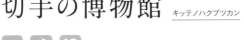

キッテノハクブツカン

約35万種の切手を
所蔵している国内でも
珍しい郵便切手の博物館

1
壁一面に
切手がいっぱい

2
テーマ別で見えてくる
各国の文化

3
あわせて楽しみたい
切手ファンの研究発表会

Ikebukuro Area

信仰と文化

絵画のように美しい切手の数々

切手収集家、水原明窓のコレクションを中心に約35万点の切手と資料を所蔵する博物館。

膨大なコレクションの中からテーマを絞って行う企画展示は、まるで小さな絵画展のよう。世界の人々の髪型をアジア、ヨーロッパ、アフリカなど地域別に紹介した『髪型切手図鑑』や、日本をモチーフに描いた世界の切手を集めた『み〜んな日本展!』のように、切手に描かれたものを通して文化の違いまでも見えてくるのが面白いところです。『海の珍生物（へんないきもの）』、『コーヒーとお茶の時間』、『メガネ!メガネ!メガネ!』など、そのテーマだけで展示ができるの? と驚くほど小さなテーマは非常にユニークで、何度も訪れる人が跡を絶ちません。

A_ 膨大な量の所蔵品を活かし、豊かなテーマで年4回の企画展を行っている **B_** 国ごとのデザインを比べるのも面白い **C_** 2階図書室では世界最初の切手、ペニーブラックも展示 **D_** 3階で随時行われている有志の研究発表会では思わぬレア物も。写真は海外の自動消印押印機

information
TEL:03-5951-3331
東京都豊島区目白1-4-23
開館時間:10:30-17:00
休館日:月曜
入館料:200円(小・中学生100円)
アクセス:JR山手線「目白」駅
徒歩約3分
https://kitte-museum.jp/

COLUMN

日本初の切手は手彫りの版だった

2階図書室では、明治4年に発行された日本最初の切手、竜文切手が展示されています。西洋の機械を用いた凸版印刷の切手が登場するのは、明治9年のこと。それ以前の日本切手は、1シート40枚分の原版に、図柄を1枚ずつ手で彫って作っていたのだそうです。

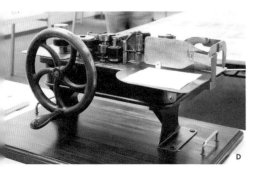

旧江戸川乱歩邸 キュウエドガワランポテイ

江戸川乱歩の世界へ
迷い込んだような
作家の最後の家

A

乱歩の邸宅や土蔵が文学館に

　ミステリー作家の江戸川乱歩は、70歳で亡くなるまでの約30年間をここで暮らしました。気に入る家を求め40回以上も引っ越しを重ねた乱歩の終の住処となったのは、小説の世界そのものの、土蔵のついた邸宅でした。

　洋館部分は昭和32年に増築され、洋間のソファやカーテンは三越、絨毯は髙島屋で購入したものといわれます。所蔵本や直筆原稿、トリ

ック考察のメモ、愛用の眼鏡などが展示され、表札に残る本名の「平井太郎」の文字も、マニアにはたまりません。その神髄が発揮されるのは、なんといっても2階建ての土蔵。怪しげな空気が漂います。

A_『黄金仮面』の原稿と宝塚歌劇団『結末のかなた』上演時のマスク　B_黄色いタイル貼りの洋館は木造で、意外にも親しみやすい雰囲気　C_貴重な初版本等の数々

1

江戸川乱歩が暮らした
邸宅を鑑賞

2

原稿や眼鏡など
愛用の品々

3

乱歩のイメージそのものの
ミステリアスな土蔵

©立教大学江戸川乱歩記念大衆文化研究センター

information

TEL:03-3985-4641
東京都豊島区西池袋3-34-1
＊「旧江戸川乱歩邸施設整備事業」の
ため一時休館中。2024年秋以降、
リニューアルオープン予定
入館料：無料
アクセス：各線「池袋」駅
徒歩約10分
https://www.rikkyo.ac.jp/
research/institute/rampo/

COLUMN

本の収集家としても知られた乱歩

『幻影城』を思わせる土蔵の扉を開くと、近世を中
心とした7万冊にもおよぶ蔵書がズラリ。自作の箱
やインデックスで整理され、人に貸したものかわか
るよう書名を書いた箱が並んであるなど、鬼気迫る
整頓ぶりに圧倒されます。この土蔵で、乱歩の孫と
松原利太郎の体が邂逅したというニュースも。

豊島区立トキワ荘マンガミュージアム

トシマクリツトキワソウマンガミュージアム

A

ここが見どころ

1

マンガ家で最もにぎわった
時代のトキワ荘を再現

2

各氏の交流が目に浮かぶ
部屋の再現

3

トキワ荘の住人に限らず
現代の作家の企画展示も

information
TEL:03-6912-7706
東京都豊島区南長崎3-9-22
南長崎花咲公園内
開館時間:10:00-18:00
（最終入館は17:30)
休館日:月曜、年末年始、展示入替期間
入館料:展示により異なる
アクセス:都営大江戸線
「落合南長崎」駅約徒歩5分
https://tok1wasomm.jp/

『まんが道』に描かれた四畳半の部屋の記憶

伝説的なマンガ家が集った1960年前後のトキワ荘を一棟まるごと再現し、2020年にオープンしたミュージアム。藤子不二雄Ⓐ氏の『まんが道』でおなじみのギシギシときしむ階段を上ると、廊下の両側に作家陣の部屋がズラリ。お風呂代わりに使われたこともあったという炊事場や、トイレも再現されています。石ノ森章太郎氏のアシスタントの部屋には、トキワ荘の漫画家のうち最後の住人となった山内ジョージ氏も住みましたが、石ノ森氏の私物も再現されるなど、人間模様が目に浮かぶようです。

A_1952年に竣工したトキワ荘が10年ほど経った頃をイメージ。建物各所にエイジングを施し、経年変化を再現した

豊島区トキワ荘通りお休み処

トシマクトキワソウドオリオヤスミドコロ

ここが見どころ

1
当時のトキワ荘
そっくりに部屋を再現

2
名物「チューダー」の
再現セットは必見

3
トキワ荘ゆかりの
品物を展示

information
TEL:03-6674-2518
東京都豊島区南長崎2-3-2
開館時間:10:00-18:00
(入館は17:30まで)
休館日:月曜(祝日の場合は翌平日)
入館料:無料
アクセス:西武池袋線
「椎名町」駅徒歩約15分
https://www.toshima-
mirai.jp/tokiwaso/

マンガの神様が集った奇跡のアパート

　手塚治虫や赤塚不二夫、石ノ森章太郎、藤子・F・不二雄、藤子不二雄Ⓐなどのマンガ家が住み、執筆を行ったトキワ荘。老朽化により取り壊された今も、街には各氏を讃えるモニュメントがあふれ、マンガの聖地として全国からファンが集まっています。そんなトキワ荘の姿を今に伝えるのがこの施設。トキワ荘の中でもリーダー的存在

であった漫画家「テラさん」こと寺田ヒロオ氏の部屋を再現したコーナーでは、宴会の定番だった焼酎のサイダー割「チューダー」を楽しんだ様子が再現されています。住人が愛したラーメン店「松葉」のどんぶりも、かけがえのない宝物です。

A_原稿用紙袋や羽根ぼうき、文机、そしてチューダーセットのグラス! 窓は当時の風景を再現

紙の博物館 カミノハクブツカン

ここが見どころ

1
日本や世界の紙の
はじめて物語に触れる

2
さまざまな原料でできた
紙の実物を展示

3
書く&描くだけじゃない！
多様な用途を伝える資料

information
TEL:03-3916-2320
東京都北区王子1-1-3
開館時間:10:00-17:00
（入館は16:30まで）
休館日:月曜、年末年始
入館料:400円（小中高生200円）
アクセス:JR京浜東北線「王子」駅
徒歩約5分
https://papermuseum.jp/

人類の発明品「紙」の持つ力に触れる

　紙と聞いて思い浮かぶのは和紙でしょうか、現代の暮らしになじんだ洋紙でしょうか。ここはそのどちらも総合的に扱う、世界的にも珍しい博物館です。紙には2000年に及ぶ歴史があり、紙の普及前には動物の皮やパピルス、ヤシの葉などさまざまな素材が使われていたことが、展示物とともに語られます。紙で作られた紙衣（か

みこ）と呼ばれる着物など、記録や芸術にとどまらない紙の可能性を伝える資料も魅力です。繊細さと強さを併せ持つ紙に織り込まれた歴史に触れながら、まだ見ぬ未来の紙にも思いを馳せてみたくなります。

A_紙の量産を可能にした世界初の抄紙機模型　**B**_江戸時代には各地で主に農閑期の作業による生産が行われた

斬新な企画展示が魅力

練馬区立美術館 　ネリマクリツビジュツカン

日本の近現代美術を中心とした企画展を開催するとともに、練馬区にゆかりのある作品をはじめとした作品の収集や展覧会を行っており、幅広い方面から注目を集めている。

TEL：03-3577-1821　東京都練馬区貫井1-36-16
開館時間：10:00-18:00（入館は17:30まで）　休館日：月曜、年末年始
入館料：展示により異なる　アクセス：西武池袋線「中村橋」駅徒歩約3分

本、アートグッズ、
ギャラリーが一体に

ブックギャラリーポポタム 　ブックギャラリーポポタム

静かな住宅街にある本とギャラリーの店。アートブック、ミニコミ、紙小物など、アート心をくすぐるアイテムが揃う。韓国・台湾などのアジアや欧米のアーティストの本など独自のセンスが光る選書や展示が楽しい。

TEL：03-5952-0114　東京都豊島区西池袋2-15-17
開館時間：月・金曜15:00-20:00、土日祝14:00-19:00
休館日：火・水・木曜（臨時休業・臨時営業あり）　入館料：無料
アクセス：JR山手線「目白」駅徒歩約7分

細川家ゆかりの美術工芸品を展示

永青文庫 　エイセイブンコ

熊本54万石・細川家の江戸下屋敷跡であった一角にある美術館。細川家ゆかりの茶道具や絵画などの美術工芸品と歴史資料約9万4000点を収蔵・展示している。刀剣など時節を読んだ企画展は、高い人気を誇る。

TEL：03-3941-0850　東京都文京区目白台1-1-1
開館時間：10:00-16:30　休館日：月曜　入館料：1000円ほか
アクセス：都電荒川線「早稲田」駅徒歩約10分

名建築家の作品をじっくり鑑賞

自由学園明日館 　ジユウガクエンミョウニチカン

旧帝国ホテルの設計で知られるフランク・ロイド・ライトが手がけた大正建築を見学できる。国の重要文化財にも指定されており、見学のほか、施設の貸出も可能。高い天井と庭の緑を望む大窓が、都心にいることを忘れさせてくれる。

TEL：03-3971-7535　東京都豊島区西池袋2-31-3
開館時間：10:00-16:00　休館日：月曜（不定休あり、要事前確認）
入館料：500円ほか　アクセス：JR山手線ほか「池袋」駅徒歩約5分

武蔵野 エリア

都心から少し足を伸ばせば
冒険心をくすぐる物語の世界が広がります。
身近な暮らしに潜む
ロマンに出逢える博物館も。

狭山湖

多摩湖

玉川上水

西武拝島線

国立音楽大学
楽器学資料館
p124

多摩モノレール

高松

国営
昭和記念公園

国立極地研究所
南極・北極科学館 p

JR
八高線

立川

JR中

八王子
霊園

東京
霊園

森林総合研究所
多摩森林科学園

JR 中央本線

高尾

京王高尾線

北八王子

高尾山口

トリックアート美術館
p135

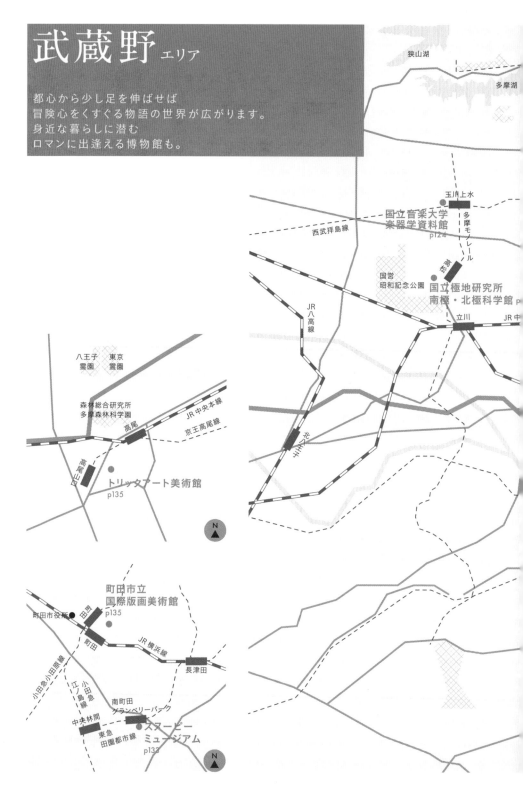

町田市立
国際版画美術館
p135

町田市役所

町田

町田

JR 横浜線

長津田

小田急小田原線

江ノ島線

小田急

南町田
グランベリーパーク

中央林間

東急
田園都市線

スヌーピー
ミュージアム
p133

物語が息づく
緑豊かな街へ
ちょっとお出かけ

西武池袋線

東久留米

JR武蔵野線

東京ガス
ガスミュージアム
p135

小平
霊園

小平

ちひろ美術館・東京
p130

西武多摩湖線

花小金井

西武国分寺線

西武新宿線

上井草

鷹の台

小平市
ふれあい下水道館
p133

東京工芸大学
杉並アニメーションミュージアム
p132

ミタカ・オルゴール館
p126

国分寺

武蔵境

三鷹

吉祥寺

荻窪

太宰治文学サロン
p134

三鷹の森ジブリ美術館
p134

野川公園

三鷹市星と森と絵本の家
p128

多摩
カントリークラブ

多摩川

JR南武線

よみうりランド

向原北緑地

小田急小田原線

旧白洲邸 武相荘
p134

鶴川

N

国立音楽大学楽器学資料館

クニタチオンガクダイガクガッキガクシリョウカン

東西古今の楽器が伝える
人々の暮らしや祈り

あこがれの音色に触れて胸踊る体験を

音楽文化を広く伝える目的で、一般公開を行っている大学附属の資料館。クラシック音楽で用いる西洋の楽器に限らず、世界中の楽器2600点超を所蔵しています。

魅力はなんといっても、楽器に実際に触れて学べること。バッハなどの作曲家も愛用したクラヴィコードなどの鍵盤楽器のほか、日本の箏やロシアの電子楽器・テルミンなど、さまざまな楽器の試奏体験が可能です。毎週開催する「楽器の10分講座」では、音だけでなく楽器の素材や文化的背景なども紹介。地域を超えて、人類が音楽に託した思いが浮かび上がってきます。

A_形態や音が出る仕組みごとに展示　B_演奏できる楽器は定期的に入れ替わる　C_タイ北部の寺院で使われる「クローン・エー」という太鼓　D_アジアの楽器や電子楽器も

1
世界中の楽器の
実物を展示

2
音出し体験ができる
楽器がたくさん

3
学芸員による
10分講座を開催

information
TEL:042-535-9574
東京都立川市柏町5-5-1
国立音楽大学4号館1階
展示室を見学できる日:
開講期間中の水曜9:30-16:30
入館料:無料
アクセス:西武新宿線ほか
「玉川上水」駅徒歩約10分
https://www.
gs.kunitachi.ac.jp/ja/

COLUMN

悪魔を呼ぶ？美しい音色

この巻き貝のような「グラスハーモニカ」は、アメリカ合衆国建国の父、ベンジャミン・フランクリンが考案したもの。この音を聴いた演奏者や聴衆に体調不良が起こり、「音色が美しすぎて悪魔を呼んでしまうのでは」と警察が取り締まる騒ぎになったという逸話もあるのだとか。

ミタカ・オルゴール館 ミタカ・オルゴールカン

アンティークオルゴール
約30点の調べを聴く

見て聴いて楽しむアンティーク

　アンティークオルゴールの演奏に魅せられてコレクションしたオルゴール、自動演奏楽器、オートマタなどを展示。まるで小さな教会のようなたたずまいの美しさを楽しむだけでなく、実際にその音を聴いて楽しめます。一台ずつ解説を受けながら演奏を聴くと、19世紀の富裕層の家庭で流れていた音が優しく蘇ります。現代のオルゴールとはデザインも大きさも全く異なりますが、金属のピンで歯を弾いて音を出すという仕組みは同じ。レコードのように盤を変えられるディスクオルゴールや、金属の筒の回転に沿って音が流れるシリンダーオルゴールがあり、その仕組みを目で追うのも楽しみのひとつです。

A_19世紀頃のスイス、ドイツ、アメリカ製のものが中心　**B**_重低音がよく響く機種　**C**_ジュークボックス同様、お金を入れると曲がかけられる　**D**_毎正時に解説と演奏が行われる

1
アンティーク家具のような
オルゴールの美しさ

2
100年の時を超えて響く
当時のままの音色

3
職人が仕上げた繊細で
精巧な機械の仕組み

information
TEL：0422-26-8121
東京都三鷹市上連雀2-2-5
ポリフォニー三鷹3F
開館時間：10:45-17:00
（入館は16:00まで）
休館日：火曜・水曜・木曜
（祝日の場合は開館）
入館料：高校生以上800円
（小・中学生400円）
アクセス：JR中央線「三鷹」駅
徒歩約3分
http://mitakaorgel.jp/

COLUMN

モデルごとに規格が異なるディスク

ディスクオルゴールはモデルごとにディスクのサイズ
が異なり、基本的にモデル間のディスクの互換性が
ありません。そんな中、アメリカの「レジーナ　スタ
イル50」とドイツの「ポリフォン　スタイル440」は、
互いのディスクを入れ替えて楽しむことができる貴
重なモデルです。

三鷹市星と森と絵本の家 ミタカシホシトモリトエホンノイエ

 FREE

大正時代の建物の中で宇宙や自然に向き合う

絵本との出会いが宇宙の扉を開く

国立天文台職員が使用した官舎が、伝統的な技術によって、絵本いっぱいの展示施設に生まれ変わりました。大正4年竣工当時の趣を残す日本家屋の中に、星、森、地球などをテーマにした本がズラリ。客間や書斎など、好きなスペースで閲覧できます。居間や食堂として使用されていた部屋では、絵本に関するさまざまな企画展示が行われます。建築展示室には、平成21年の復元風景を伝える資料が集められ、宇宙はおろか、毎日を過ごす家の中にさえ未知の領域があることに気づかされます。本とともに過ごしながら、子どもの頃のような好奇心が湧いてくるのを感じる展示施設です。

A_大人も楽しめる本も揃う　**B**_広々とした畳の部屋でのんびり　**C**_壁掛け式の電話やミシンなど懐かしいものばかり　**D**_天文台職員が住んでいた部屋が展示スペースに

1
大正時代の
趣を残す建物

2
星や森などをテーマにした
絵本や図鑑がたくさん

3
レトロであたたかみのある
館内のインテリア

Musashino Area

information
TEL:0422-39-3401
東京都三鷹市大沢2-21-3
国立天文台内
開館時間:10:00-17:00
休館日:火曜
入館料:無料
アクセス:JR「武蔵境」「三鷹」
京王線「調布」各駅より
小田急バス「天文台裏」バス停下車、
徒歩約5分
https://www.
city.mitaka.lg.jp/ehon/

COLUMN

職人による伝統的な日本家屋の復元

建築展示室の壁は一部露出しており、左官屋が麻
紐を使って竹を編み込み、土を塗り籠めるという昔
ながらのやり方で建てられていることがわかります。
武蔵野美術大学の学生による、イラストを交えたレ
ポート資料からは、職人さんたちの作業のようすが
ありありと浮かんできます。

ちひろ美術館・東京 チヒロビジュツカン トウキョウ

絵本とともに味わう
いわさきちひろの絵画

A

1
いわさきちひろの
繊細な色使いを堪能

2
臨場感たっぷりの
アトリエ

3
国内外の作品を集めた
企画展示

世界初・最大規模の絵本美術館

　子どもの姿を描き続けた画家、いわさきちひろの作品と、世界の絵本原画の展示を行うミュージアム。『はらぺこあおむし』のエリック・カール作品など、35カ国、2万7500点にのぼる世界最大規模の絵本原画を所蔵し、企画展を行っています。

　作品は実際の絵本とともに鑑賞できるスタイルをとっており、印刷に表れない微妙な濃淡など、ちひろの絵の繊細さをより楽しむことができます。アトリエを再現した部屋には、世界文学全集などの資料のほか、マトリョーシカやトラピストバター飴の缶などかわいらしいものも顔を覗かせています。部屋の奥に回ればアトリエに招かれたような気分が味わえ、窓の向こうにはちひろが眺めた空までも見えてくるようです。

A_ 充実した創作が行われた1972年頃のアトリエを再現　**B_** ちひろ愛用のソファで鑑賞できる　**C_** 直筆の手紙などから、優しさの裏に隠れた情熱的な一面も読み取れる　**D_** 絵本『ぽちのきたうみ』に使われた「小犬を抱く少女」

information
TEL:03-3995-0612
東京都練馬区下石神井4-7-2
開館時間:10:00-17:00
(入館は16:30まで)
休館日:月曜
(祝日の場合は翌平日)
入館料:1200円
(18歳以下・高校生以下無料)
アクセス:西武新宿線
「上井草」駅徒歩7分
http://www.
chihiro.jp/tokyo

COLUMN

自宅兼アトリエに建つ美術館

ちひろが最後の22年を過ごした自宅と、アトリエの跡地に建てられたミュージアムの中庭には、彼女が愛した草木が生い茂っています。
ケヤキなどの木のほか、初夏に鮮やかに花開くバラなど季節の花々を、図書室やカフェなどの窓越しに楽しむことができます。

東京工芸大学
杉並アニメーションミュージアム

トウキョウコウゲイダイガク スギナミアニメーションミュージアム

ここが見どころ

1
アニメの仕組みや
歴史がわかる展示

2
アニメーターの机を
リアルに再現

3
アフレコなどの
アニメ体験ができる

information
TEL:03-3396-1510
東京都杉並区上荻3-29-5
杉並会館3F
開館時間:10:00-18:00
休館日:月曜(祝日の場合は翌平日)
入館料:無料
アクセス:JR中央線ほか「荻窪」駅より
関東バス0番または1番約5分、
「荻窪警察署前」徒歩約2分
https://sam.or.jp

アニメの仕組みと歴史を体験しながら学ぶ

　漫画家・アニメーターの鈴木伸一氏が名誉館長を務める、日本のアニメの歴史を学べるミュージアム。今では見られなくなったセル画での制作を中心に、動画の仕組みや制作風景、アニメ黎明期から現代まで時代の流れを知ることができます。

　鉄腕アトムのアニメを使ったアフレコ体験など、制作過程を体験できる展示も豊富。

　『機動戦士ガンダム』を手がけた監督・富野由悠季氏などの机を再現したコーナーには、キャラクターの動きに要する時間を確認するストップウォッチや、絵コンテなどが並び、アニメがまさに人の手で作られていることを実感します。

A_ブース内では懐かしのアニメがランダムに流れる。漫画家などのサインやクリエイターの机を再現したコーナーも

＊平成30年9月より東京工芸大学とネーミングライツ協定を締結。

© 2024 Peanuts Worldwide LLC

世界中で愛される
スヌーピーの魅力がたっぷり

スヌーピーミュージアム　スヌーピーミュージアム

アメリカ・カリフォルニア州にある「シュルツ美術館」の世界唯一の公式の分館。原作コミック『ピーナッツ』の貴重な原画やスヌーピーグッズを展示し、ぬいぐるみワークショップも開催。スヌーピーのイラストをあしらったメニューが楽しめるカフェも。

TEL：042-812-2723　東京都町田市鶴間3-1-4
開館時間：平日10:00-18:00、土日祝10:00-19:00
（最終入場は各閉館時間の30分前）
休館日：1月1日、2月・8月各1回（2024年8月20日）
入館料：1800円ほか（前売券）
アクセス：東急田園都市線「南町田グランベリーパーク」駅徒歩約4分

南極・北極の自然と
隊員の息遣いを感じる

国立極地研究所　南極・北極科学館
コクリツキョクチケンキュウショ　ナンキョク・ホッキョクカガクカン

南極圏と北極圏に観測基地を有する国立極地研究所の広報展示施設。南極観測隊が実際に使った雪上車の内部を覗いたり、南極の氷に触れる体験もできる。南極・昭和基地で撮影されたオーロラの映像をプラネタリウムのように楽しめるオーロラシアターも魅力。

TEL：042-512-0910　東京都立川市緑町10-3
開館時間：10:00-17:00
休館日：月曜、第3火曜、日祝日、夏季休業、年末年始　入館料：無料
アクセス：多摩モノレール「高松」駅徒歩約10分

本物の下水道の中に
入れる国内でも珍しい施設

小平市ふれあい下水道館
コダイラシフレアイゲスイドウカン

下水道の歴史や仕組みを紹介するミュージアム。水を浄化している微生物の動きをリアルタイムで見られたり、地下25mに設置された現役の下水道管の中を見学できたりと、貴重な体験ができる。マンホールやトイレ関連の企画展にも注目したい。

TEL：042-326-7411　東京都小平市上水本町1-25-31
開館時間：10:00-16:00
休館日：月曜、年末年始　入館料：無料
アクセス：西武国分寺線「鷹の台」駅徒歩約7分

©白汚 零

白洲次郎・正子夫妻が
愛した茅葺き屋根の家

旧白洲邸 武相荘　　キュウシラステイ ブアイソウ

昭和18年に夫妻が移り住み、終の住処となった邸宅に、愛用品を収めたミュージアム。正子の書斎や、ゆかりのあるメニューが楽しめるレストラン＆カフェなど、緑あふれる敷地いっぱいに二人の美意識が宿る。各界の文化人によるトークショーや骨董市も楽しみ。

TEL：042-735-5732　東京都町田市能ヶ谷7-3-2
開館時間：10:00-17:00　休館日：月曜（祝日・振替え休日は開館）、
夏季・冬季休館あり　入館料：1100円
アクセス：小田急小田原線「鶴川」駅徒歩約15分

© Museo d'Arte Ghibli

迷路のような建物に大人も興奮

三鷹の森ジブリ美術館　　ミタカノモリジブリビジュツカン

宮﨑駿氏が考えた美術館。地下一階から地上二階までの吹き抜けの中央ホールや、ロボット兵のいる屋上庭園など、美しい館内は映画の世界観そのもの。オリジナルの短編アニメも必見だ。

TEL：0570-055-777　東京都三鷹市下連雀1-1-83
開館時間：10:00-18:00　休館日：火曜　入館料：1000円ほか
アクセス：JR中央線ほか「三鷹」駅徒歩約15分
＊日時指定の予約制　＊チケット販売はローソンWEBサイト

太宰が通った元酒店で
ゆったりと文学に触れる

太宰治文学サロン　　ダザイオサムブンガクサロン

かつて三鷹の下連雀に住んだ太宰が通ったという、伊勢元酒店の跡地に建つサロン。太宰治研究の礎を築いた山内祥史氏の研究資料「山内祥史文庫」を片手に、太宰珈琲などのメニューが楽しめる。ガイドボランティアが常駐し、太宰と三鷹にまつわる貴重なお話を聞かせてくれる。

TEL：0422-26-9150
東京都三鷹市下連雀3-16-14　グランジャルダン三鷹1F
開館時間：10:00-17:30
休館日：月曜（祝日の場合は開館、休日を除く翌日と翌々日休館）
入館料：無料　アクセス：JR中央線ほか「三鷹」駅徒歩約3分

見て触って体験できる
驚きの美術館

トリックアート美術館　　トリックアートビジュツカン

古代エジプトをテーマにした館に、錯覚を利用した作品がズラリ。子どもが大人よりも大きくなる部屋や、アラブの牢獄、飛び出す万華鏡など、不思議なアートを体じゅうで楽しめる。館内では撮影が可能なので、面白い記念写真を撮ってみよう。

TEL：042-661-2333　東京都八王子市高尾町1786
開館時間：10:00-18:00　休館日：木曜日
（HP要確認。夏休み、冬休み、春休み、祝日は開館）
入館料：大人1400円、中高生1060円、小学生760円、
幼児550円（4才以上未就学児）
アクセス：京王高尾線「高尾山口」駅徒歩約1分

世界でも数少ない版画専門美術館

町田市立国際版画美術館
マチダシリツコクサイハンガビジュツカン

世界でも数少ない、版画を中心とする美術館。1987年の開館以来、奈良時代から現代まで、国内外のすぐれた版画作品や資料を収集・保存し、現在3万点を超える収蔵品を有する。版画の技法を楽しむイベントや公開制作等も開催。

TEL：042-726-2771　東京都町田市原町田4-28-1
開館時間：10:00-17:00（土日祝は17:30まで）
＊入館は閉館30分前まで　休館日：月曜
入館料：企画により異なる（特集展示は無料）
アクセス：JR横浜線ほか「町田」駅徒歩約15分

明治のロマンあふれる
ガス灯にうっとり

東京ガス ガスミュージアム
トウキョウガス ガスミュージアム

レトロなランプやストーブなど明治時代からのガス器具類約2000点の他、1000点にのぼる錦絵などの美術資料を収蔵し、人々の暮らしと共に歩んだガスの歴史を辿る。現代では貴重なガス灯を移築した庭園では、煉瓦造りの建物が作り出すロマンティックな空間に柔らかな明りが灯る。

TEL：042-342-1715　東京都小平市大沼町4-31-25
開館時間：10:00-17:00　休館日：月曜　入館料：無料
アクセス：西武新宿線「花小金井」駅ほか下車、
西武バス「ガスミュージアム入口」徒歩約3分

神奈川 エリア

ロマンチックな港町は、
歴史や文学が息づくモダンなエリア。
海辺の風が素敵な出逢いを
運んできてくれるはず。

海沿いのモダンな街で
歴史の風と
現代のアートに触れる

相模原市

秦野市

東海道新幹線

茅ヶ崎市

相模湾

小田急小田原線

JR東海道本線

小田原

● 小田原城

小田原文学館
p147

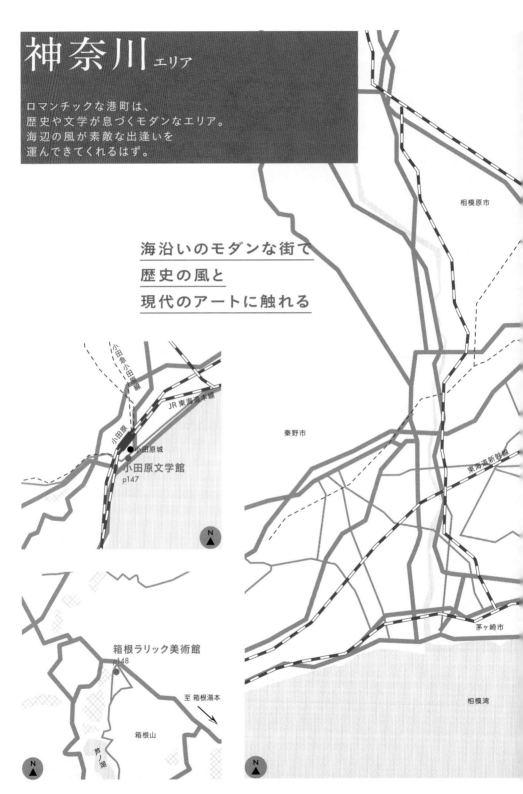

箱根ラリック美術館
p148

至 箱根湯本

箱根山

芦ノ湖

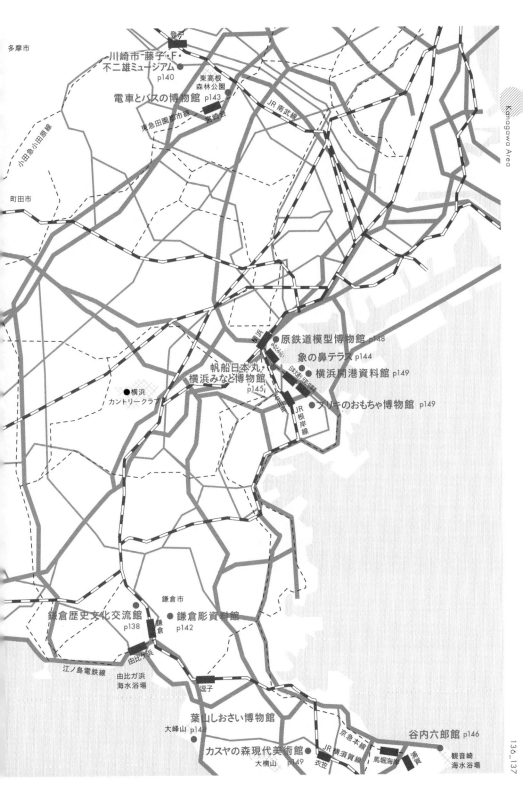

多摩市

川崎市 藤子・F・
不二雄ミュージアム
p140

東高根
森林公園

電車とバス博物館 p143

東急田園都市線

宮崎台

JR南武線

町田市

小田急小田原線

横浜
カントリークラブ

●横浜

帆船日本丸・
横浜みなと博物館
p145

原鉄道模型博物館 p148

象の鼻テラス p144

横浜開港資料館 p149

ブリキのおもちゃ博物館 p149

JR根岸線

鎌倉歴史文化交流館
p138

鎌倉彫資料館
p142

鎌倉市

鎌倉

由比ヶ浜

江ノ島電鉄線

由比ガ浜
海水浴場

逗子

葉山しおさい博物館 p148

大峰山

カスヤの森現代美術館 p149

大楠山

京急本線

JR横須賀線

衣笠

馬堀海岸

浦賀

谷内六郎館 p146

観音崎
海水浴場

鎌倉歴史文化交流館 カマクラレキシブンカコウリュウカン

古都・鎌倉の景色に
武士たちのリアルな素顔が
浮かび上がる

隠れ家のような歴史ミュージアム

　　駅前の喧騒を離れ住宅街を静かに進んでいく
と、鎌倉の山を背に建つスタイリッシュな建築
が。個人邸宅を改装したこのミュージアムでは、
武家社会と共に繁栄した鎌倉が幕府の滅亡を
経て荒廃し、観光都市として新たに蘇る歴史を
たどることができます。
　　かつてリビングとして使われた中世展示室の
窓の外には、鎌倉を象徴するやぐらや切岸が。

武士が用いた器や災いを退ける呪符など、なか
なか日の目を浴びることがないような品が並び、
武士たちの暮らしを伝えています。源頼朝が建
立した幻の寺・永福寺の瓦の実物や、在りし
日の姿が蘇るVRも必見です。

A_緑を望む中世展示室　**B**_廃テレビ管を再生利用した特殊
なガラスブロックを用いた廊下に鎌倉武士の魂が溶け合う
C_この地にはかつて岩崎弥太郎の別荘が

1
武士の街から観光都市へ
変貌する鎌倉の歴史

2
鎌倉の歴史と現代的建築が
溶け合う風景

3
触れる瓦の実物など
幻の寺・永福寺の関連資料

4

B

A

C

information
TEL:0467-73-8501
神奈川県鎌倉市扇ガ谷1-5-1
開館時間:10:00-16:00
休館日:日祝休日、年末年始
入館料:400円(小中学生150円)
アクセス:JR横須賀線ほか「鎌倉」駅
徒歩約7分
https://www.city.kamakura.
kanagawa.jp/rekibun/
koryukan.html

COLUMN

出土品が物語る幕府の力

鎌倉時代の日本には青磁を焼く技術がなく、唐物としてもっぱら輸入されていました。そのため、出土イコール有力者の存在を示す指標にもなっているのだとか。そんな貴重な青磁の器が、鎌倉ではザクザクと発掘されているのだそう。そんなところからも、鎌倉幕府の権威の強大さが伝わります。

川崎市 藤子・F・不二雄ミュージアム

 カワサキシ フジコ・エフ・フジオミュージアム

表情豊かな原画の
ドラえもんたちに
会える場所

©Fujiko-Pro

1
5万枚にのぼる
直筆原稿

2
人気キャラクターが
散りばめられた館内

3
作者の好奇心とやさしさが
うかがえる愛用品

『ドラえもん』などのまんが原画を展示

　館内のあちこちに、おなじみのキャラクターがちらり。ここは、『ドラえもん』や『パーマン』など、約5万枚にのぼる藤子・F・不二雄氏のまんが原画のうち、常時150〜200点を展示・公開する施設です。雑誌やコミックスではわからない、切り貼りやホワイトで修正した跡、墨で塗られたベタのツヤなどを、藤子氏直筆のまんが原画を通して味わうことができます。色鮮やかなカラー原画を鑑賞できるのもここならでは。複製原画には、『パーマン』に登場するコピーロボットのシールを貼るといった遊び心も詰まった、数世代にわたって楽しめるミュージアムです。

A_キャラクターが集まる「はらっぱ」にはドラえもんでおなじみの空き地の土管も　B_ドラえもんとのび太くんがまんがの描き方を教えてくれる映像展示　C_落ち着いた照明の展示室　D_ハードな執筆の合間にも家族を思いやった藤子氏の手作り絵本などを展示している

information
TEL:0570-055-245(9:30-18:00受付)
神奈川県川崎市多摩区長尾2-8-1
開館時間:10:00-18:00
休館日:火曜　＊臨時休館あり
入館料:一般・大学生1000円
(4歳〜小学生500円、中・高生700円)
＊日時指定、完全予約制、事前に要チケット購入。
詳細は公式サイトへ
アクセス:小田急線および
JR南武線「登戸」駅より
川崎市バス直行便約9分、
「藤子・F・不二雄ミュージアム」下車すぐ
https://fujiko-museum.com

COLUMN

藤子氏は甘栗がお好き？

パスポートや愛用のカメラなどが展示される館内で目を引くのが、1F「先生の部屋」。藤子氏が愛用していた机や椅子、図鑑や文房具などが展示されています。ゴミ箱には、よく食べていたという甘栗の袋を再現。隅から隅までじっくり眺めてみたくなります。

鎌倉彫資料館

カマクラボリシリョウカン

A

ここが見どころ

1
職人の技の美しさを
伝える映像資料

2
鎌倉彫の時代ごとの
変遷をふまえた作品展示

3
カフェやショップで
鎌倉彫の今に触れる

B

information
TEL:0467-25-1502
神奈川県鎌倉市小町2-15-13
鎌倉彫会館3F
開館時間:10:00-16:00
(一時閉館13:00〜14:00)
休館日:月曜、火曜、夏季・年末年始
入館料:300円(小中高生150円)
アクセス:JR横須賀線ほか「鎌倉」駅
徒歩約5分

鎌倉彫を知ればお寺めぐりがもっと楽しく！

　鎌倉さんぽで目にする、シックな朱色の鎌倉彫。ここは、そのひと彫りひと彫りに光を当てるミュージアムです。制作工程を描いた映像資料に静かに向き合えば、漆の深い色合いがゆったりと織りなす館内に、彫刻刀や木の粉の音がふわっと広がります。薄暗い空間から浮かび上がるように並ぶ作品は、鎌倉時代の仏像や仏具彫刻の高い技術が、徐々に庶民の暮らしにも広がっていった様を伝えています。陶器や金属のようなきらめきを纏った現代の作品に触れ、鎌倉彫の食器を使ったカフェで時を過ごせば、きっとその奥深い陰影に惹き込まれるはず。

A_ 常設展では室町時代から現代に至るまで通史的に展示
B_ カフェ倶利では、鎌倉彫の食器で食事やお茶が楽しめる

電車とバスの博物館 デンシャトバスノハクブツカン

ここが見どころ

1

鉄道模型やNゲージなど
運転体験が豊富

2

往年のバス車体が
シミュレーターや展示室に

3

ユニークなチャレンジの
足跡を伝える車両

information

TEL：044-861-6787
川崎市宮前区宮崎2-10-12
開館時間：10:00-16:30
休館日：木曜、年末年始
入館料：200円
（3歳から中学生100円）
アクセス：東急田園都市線
「宮崎台」駅直結
https://denbus.jp/

乗り物の魅力をワンストップで満喫！

　東急電鉄OBの方々が案内を務め、NゲージやHOゲージの鉄道模型に夢中の子どもたちを、まるでご近所さんのように迎える同館。今にも駅員さんが飛び出しそうな昭和30～40年代の駅務室再現コーナーは、ぜひ室内の切符から改札鋏までじっくり眺めてみて。丸みを帯びたユニークな姿のデハ204号や、タクシーのように

オンデマンドで呼び出すバス・東急コーチなど、エポックメイキングな車体も見ものです。バスの方向幕を変えたり、大迫力で回る車輪が間近で見られたりと、コンパクトな館内に魅力が凝縮されています。

A_HOゲージの鉄道模型が走る　**B**_かつて同館があった高津駅を再現　**C**_RB-10型バスの床からエンジンが覗ける

象の鼻テラス ゾウノハナテラス

   FREE

A

ここが見どころ

1
自在に姿を変える
港の見えるオープンスペース

2
横浜の風景を借景とした
アート作品の展示

3
横浜港全体を会場とした
さまざまなアート活動

B

あなたは昨日のあなたとどこが違っていますか？

ここに何か足りないものがありますか。

いう場所のどんな所が好きですか。

谷川俊太郎

C

information
TEL：045-661-0602
神奈川県横浜市中区海岸通1丁目
開館時間：10:00-18:00
休館日：年中無休
入館料：無料
アクセス：みなとみらい線
「日本大通り」駅徒歩約3分
http://www.zounohana.com/

横浜港の風を感じながらアートに触れる

　ペリー来航をきっかけに誕生した堤防「象の鼻」が当時の姿に復元されるのに合わせ誕生した施設。大きな窓から赤レンガ倉庫や横浜港を望むことができ、風景と一体となった現代アートの鑑賞が楽しめます。絵画や写真の展示、パフォーミングアーツ、音楽など多ジャンルの文化プログラムを随時開催。シンプルな空間が

そのときどきで大きく姿を変えるのが魅力です。開館5周年を記念したイベントではなんと本物のゾウが登場したことも。常設されている〈〈時をかける象（ペリー）〉〉はアートスペースのシンボル的存在として想いのひとときを提供しています。

A_お弁当を持って休憩に訪れる人も　B_人気のゾウノハナソフトクリーム（480円）　C_谷川俊太郎氏書き下ろしの詩

帆船日本丸・横浜みなと博物館

ハンセンニッポンマル・ヨコハマミナトハクブツカン

ここが見どころ

1
横浜港の仕組みと
役割を伝える展示

2
横浜港の華やかな文化と
激動の歴史を知る

3
帆船日本丸実習生の
日常が浮かぶ展示

information
TEL:045-221-0280
神奈川県横浜市西区
みなとみらい2-1-1
開館時間:10:00-17:00
(入館は16:30まで)
休館日:月曜(祝日の場合は翌平日)
ほか臨時休館日あり
入館料:800円(65歳以上600円、
小中高校生300円)
＊帆船日本丸と横浜みなと博物館の
共通券。単館券料金は
ホームページにて確認
アクセス:JR根岸線ほか「桜木町」駅、
みなとみらい線「みなとみらい」駅、
「馬車道」駅いずれも徒歩約5分
https://www.
nippon-maru.or.jp/

レトロな街で古きよき横浜港の歴史を辿る

　ペリー艦隊が横浜にやって来た時の情景を表した大型映像や大さん橋を海底から支えたスクリューパイル、さまざまな船舶模型などによって、横浜港の歴史や、仕組み、役割を知ることができます。華やかなイメージの強い横浜港ですが、展示を見ていくと、関東大震災や太平洋戦争で壊滅的な被害を受け、そこから復興を遂げたことがわかります。横浜港の「今」がわかる「埋立と築港の技術と歴史」のコーナーや最新鋭のVRシアターも見どころです。博物館の隣では、「太平洋の白鳥」とも呼ばれた帆船日本丸が1984年引退当時の姿で公開されています。

A_みなとみらい地区の中心にある横浜みなと博物館　**B_**「開港前後の横浜」コーナー。後半には港の仕組みを学べる展示も

谷内六郎館 タニウチロクロウカン

A_所蔵原画総数は約1300枚。谷内は雑誌のタイトルスペースに縛られることなく、のびのびと自由に描いたという

ここが見どころ

1
『週刊新潮』の表紙を飾った
原画の数々

2
絵具以外の素材を
使った描写

3
作品に描かれた
あたたかな日本の原風景

information
TEL:046-845-1211
神奈川県横須賀市鴨居4-1
開館時間:10:00-18:00
休館日:毎月第一月曜
(祝日の場合は開館)
入館料:380円
(高・大学生・65歳以上280円)
＊横須賀美術館
所蔵品展観覧料を含む
アクセス:京急線「馬堀海岸」駅
より「観音崎」行きバス約10分、
「ラビスタ観音崎テラス・
横須賀美術館前」下車徒歩約2分
http://www.
yokosuka-moa.jp/taniuchi/

海の見える美術館で日本の原風景に出会う

　1956年に創刊した『週刊新潮』の第1号から、1981年に逝去するまで、1号も欠かすことなく表紙絵を担当した谷内六郎の作品を展示。観音崎を望む横須賀美術館の敷地に建つモダンな空間に、日本の懐かしい心象風景と、愛らしい子どもの姿が並びます。館内には当時の雑誌も展示され、印刷時には筆で描かれたように見える陰影が、砂粒の凹凸だったり、新聞などのコラージュであったりと、実物を見て初めて気づく工夫に興味を引かれるはず。谷内自身による「表紙の言葉」をあわせて鑑賞すると、その優しいまなざしがこの絵を作り上げていたことが伝わってきます。

小田原文学館 オダワラブンガクカン

ここが見どころ

1
スペイン風の本館と
庭園の美しさ

2
小田原を愛した
多くの文学者の展示

3
白秋童謡館と
尾崎一雄邸書斎の展示

information
TEL:0465-22-9881
神奈川県小田原市南町2-3-4
開館時間:10:00-17:00
11月-2月10:00-16:30
(入館は閉館30分前まで)
休館日:月曜(休日の場合は翌平日)、
年末年始
入館料:250円(小・中学生100円)
アクセス:JR東海道本線ほか
「小田原」駅東口徒歩約20分、
または箱根方面行バス
「箱根口」下車徒歩約5分
http://www.city.odawara.
kanagawa.jp/public-i/
facilities/literature-
museum/bungakukan.html

小田原文士の知性あふれる緑の庭園

「山よし海よし天気よし」と斎藤緑雨が讃えた小田原には、多くの文士が集まりました。小田原出身の北村透谷、牧野信一、尾崎一雄、川崎長太郎らのほか、谷崎潤一郎、坂口安吾、三好達治などに関する資料が集まる本館は、建物の美しさでも知られ、常設展のほか特別展などが行われます。別館の白秋童謡館では、小田原の作家の中でも滞在期間が8年と長く、『雨ふり』など数々の童謡をのこした北原白秋の展示も。第5回芥川賞を受賞した尾崎一雄の書斎も移築されており、愛用の調度品などを見ることができます。

A_宮内大臣などを務めた伯爵・田中光顕の別邸として建てられた **B**_自筆原稿や書簡・遺愛品などを展示

広い公園を散策して
海の生きものを知る

葉山しおさい博物館　　ハヤマシオサイハクブツカン

葉山しおさい公園内の葉山周辺の海洋生物を展示する博物館。ここでしか見られない昭和天皇の御下賜標本をはじめとする生物標本や、ヨットも展示。学術的に貴重な深海生物の展示は見もの。海岸沿いでのさんぽの道すがら立ち寄りたい。

TEL:046-876-1155　神奈川県三浦郡葉山町一色2123-1
開館時間:8:30-17:00　休館日:月曜　入館料:300円ほか（入園料）
アクセス:JR横須賀線「逗子」駅より京浜急行バス「一色海岸」徒歩約1分

世界最大級のジオラマと
精巧な鉄道模型

原鉄道模型博物館　　ハラテツドウモケイハクブツカン

鉄道模型収集・製作家の原信太郎氏のコレクションを公開。目玉は、なんといっても世界最大級の鉄道が走るジオラマ。車両から走行音にまで及ぶこだわりは、鉄道ファンならずとも時を忘れて見入ってしまう。希少な世界の鉄道写真を公開するフォトライブラリーや一番切符も。

TEL:045-640-6699　神奈川県横浜市西区高島1-1-2　横浜三井ビル2F
開館時間:10:00-17:00
休館日:火・水曜日（祝日の場合は翌営業日に振替）、2月上旬
入館料:大人1200円〜ほか（土日祝等は変更あり　＊2024年3月現在）
＊日時指定、イープラス等にて事前に要チケット購入
アクセス:JR・東急・京急ほか「横浜」駅徒歩約5分

©原鉄道模型博物館

きらめきのジュエリーと
硝子作品に囲まれて

箱根ラリック美術館　　ハコネラリックビジュツカン

フランスを代表する工芸の巨匠ルネ・ラリックの作品を収蔵。七宝で彩られた華やかなジュエリーから、香水瓶、花器、室内装飾まで、常時230点を展示。オリエント急行の豪華車両内で楽しめるカフェも（予約制。当日現地にて受付）。ラリックの装飾に囲まれ優雅なひとときを過ごせる。

TEL:0460-84-2255　神奈川県足柄下郡箱根町仙石原186-1
開館時間:9:00-16:00（入館は15:30まで）
休館日:毎月第3木曜（8月は無休）　入館料:1500円ほか
アクセス:箱根登山鉄道「箱根湯本駅」より
箱根登山バス「仙石案内所前」下車すぐ

住宅地の森にたたずむ
くつろぎの現代美術館

カスヤの森現代美術館
カスヤノモリゲンダイビジュツカン

閑静な住宅地にたたずむ現代アートの美術館。ヨーゼフ・ボイスやナムジュン・パイクなどの作品を常設展示するほか、年4〜5回の企画展、コンサートなども開催。ミュージアムとつながる竹林内には宮脇愛子の作品が置かれ、散策気分でアートを楽しめる。

TEL：046-852-3030　神奈川県横須賀市平作7-12-13
開館時間：10:00-17:30　休館日：月・火・水曜　入館料：800円ほか
アクセス：JR横須賀線「衣笠」駅徒歩15分

港町の今昔を知れる
レトロな資料館

横浜開港資料館　ヨコハマカイコウシリョウカン

旧英国総領事館の敷地にある資料館。幕末から昭和初期までの横浜に関する歴史資料を約27万点収蔵し、浮世絵や古文書等の資料を展示。慶応の大火や関東大震災等の危機をくぐり抜けてきた「たまくす」の木や、ミュージアムショップ＆カフェ「PORTER'S LODGE」も楽しみ。

TEL：045-201-2100　神奈川県横浜市中区日本大通3
開館時間：9:30-17:00（入館は16:30まで）
休館日：月曜　入館料：200円ほか
アクセス：みなとみらい線「日本大通り」駅徒歩約2分

ブリキのおもちゃ3000点がズラリ

ブリキのおもちゃ博物館
ブリキノオモチャハクブツカン

おもちゃコレクター・北原照久氏の博物館。1890年代から1960年代に製造された主に日本製のブリキおもちゃ約3000点を展示。異国情緒溢れる街の古い洋館を改装した博物館でタイムスリップ気分を味わおう。

TEL：045-621-8710　神奈川県横浜市中区山手町239
開館時間：10:00-17:00
休館日：無休　入館料：200円ほか
アクセス：みなとみらい線「元町・中華街」駅6番出口より徒歩約5分

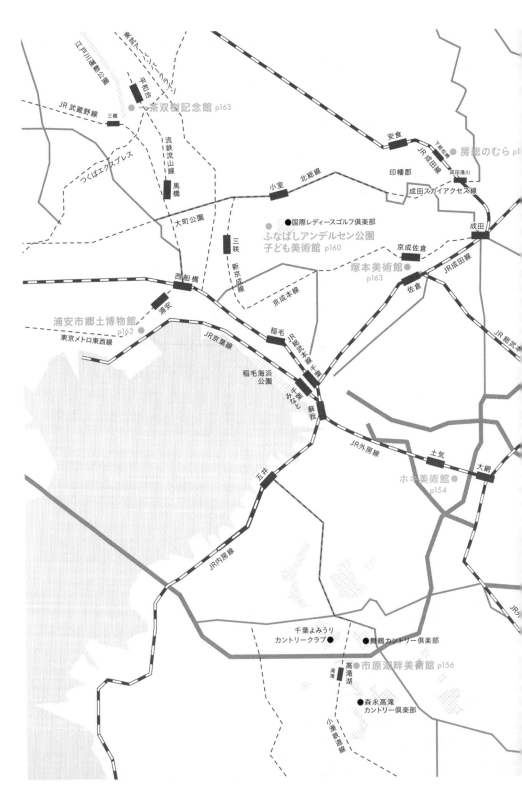

江戸川運動公園

JR 武蔵野線

三郷

平和台

● 一茶双樹記念館 p163

流鉄流山線

馬橋

つくばエクスプレス

大町公園

三咲

小室

北総線

安食

下総松崎

JR 成田線

印幡郡

成田湯川

● 房総のむら p1

成田スカイアクセス線

成田

西船橋

新京成線

● 国際レディースゴルフ倶楽部

ふなばしアンデルセン公園
子ども美術館 p160

京成佐倉

塚本美術館 ●
p163

JR 成田線

京成本線

佐倉

浦安

JR 京葉線

浦安市郷土博物館
p162

東京メトロ東西線

稲毛

JR 総武本線

JR 総武本線

稲毛海浜
公園

千葉
みなと

蘇我

JR 外房線

土気

大網

ホキ美術館 ●
p154

五井

JR 内房線

JR 外

千葉よみうり
カントリークラブ ●

● 舞鶴カントリー倶楽部

高滝

高滝湖

● 市原湖畔美術館 p156

● 森永高滝
カントリー倶楽部

小湊鉄道線

千葉エリア

緑と歴史の香りあふれる千葉エリア。
味わい深い歴史の館や個性派の美術館で
ダイナミックな体験が楽しめます。

佐原
伊能忠敬記念館
p163

松山庭園美術館
p152

●東京国際空港
ゴルフ倶楽部

八日市場

JR総武本線

成東

九十九里浜

小旅行気分の
1日コースで
非日常を味わおう

JR外房線

外房黒潮ライン

御宿

● 月の沙漠記念館
p163

網代湾

松山庭園美術館 マツヤマテイエンビジュツカン

👁 🍴

芸術家の私邸に
招かれたような
時を過ごせる

美しい庭で猫がくつろぐ美術館

　美術家のコノキ・ミクオ氏のアトリエの一部を、美術館として公開。鳥のさえずりや葉擦れの音が響く庭園にはくず鉄などで作られたユニークな「ガンダ彫刻」が点在し、庭だけで何時間も過ごせてしまいそうです。

　館内ではコノキ氏の絵画・彫刻のほか、創作の参考としてコレクションした美術品が入れ替わり展示されます。銚子出身の版画家・金

子周次など、地元作家の作品も。

　猫たちが暮らす美術館としても知られ、サロンではコノキ夫妻とお話しながら、浅井忠、三岸好太郎、村山槐多、靉光、長谷川利行などの絵画とともに過ごせます。

A_木漏れ日がきらめく庭園に作品がたたずむ不思議な空間
B_サロンの風景　C_モミジと苔の林を抜ければ一転、現代的な雰囲気に　D_のんびり歩く猫も作品の一部のよう

1
心落ち着く
美しい緑の庭園

2
作家と触れ合いながら
美術品を鑑賞

3
作品に寄り添う
猫たちの愛らしい姿

information
TEL：0479-79-0091
千葉県匝瑳市松山630
開館時間：10:00-17:00
休館日：月〜木曜（祝日の場合は開館）
入館料：800円（小・中学生400円）
アクセス：JR総武本線
「八日市場」駅よりタクシー約10分
http://matuyamaartmuseum.
web.fc2.com/

COLUMN

芸術家の私邸のような美術館

1対の虎の石像と橋、そしてコニークであたたかい彫刻作品が出迎える美術館は、コメヤ氏自身が設計したもの。約2000坪の敷地に和風庭園、洋風庭園が広がり、サロンはさながら芸術家のお宅のリビングのよう。まるで芸術家のお宅を訪問するような気分で作品に触れることができます。

ホキ美術館 ホキビジュツカン

写真以上に現実であることを目指す絵画

　白と黒の対比が美しい空間に、カメラと異なり2つの目を持つ人間の目で見た現実を描き出す「写実絵画」が並びます。大畑稔浩氏の『瀬戸内海風景－川尻港』では、肉眼では見えない建物などの遠景の要素までも、現地で確かめながら緻密に描いたといいます。視覚的現実をリアルに写し取るだけでなく、画家が捉えた空気感や感情までも伝える作品が並び、まるでいくつもの現実世界が並行しているよう。作品のためにデザインされた空間も魅力のひとつで、流れるように繋がる曲線的構造や、視線を遮らない工夫により、作品の生み出す現実と深く対峙できる空間づくりがなされています。

A_丸いオブジェのようなソファで鑑賞　**B**_描き下ろし作品が並ぶ「私の代表作」のコーナー。作品を見ながら耳で解説を追うことができる　**C**_宙に張り出した部分も展示室の一部

1
目の前に現実が
あるかのような緻密な絵

2
白と黒を貴重とした
美しい展示室

3
鑑賞を妨げない工夫の
凝らされた空間

information
TEL：043-205-1500
千葉県千葉市緑区あすみが丘東3-15
開館時間：10:00-17:30
（入館は17:00まで）
休館日：火曜
入館料：1830円
（高・大学生・65歳以上1320円、
中学生910円）
アクセス：JR外房線「土気」駅より
千葉中央バス
「ブランニューモール」行き
「あすみが丘東4丁目」下車すぐ
https://www.hoki-museum.jp

ミュージアムショップ

ほぼすべての作品がポストカードに

ホキ美術館は、これまで展示された作品のほとんどがポストカード化されているという点でも他に類を見ない工夫館です。所蔵作品は半年ごとに入れ替わり展示されますが、ショップ自体が小さな美術館のようになっており、来館時に出会えなかった作品にもここで触れることができます。

市原湖畔美術館 イチハラコハンビジュツカン

肩肘張らない
体験重視型の現代美術館

A

ここが見どころ

1
気軽に楽しめる
現代アートがいっぱい

2
周囲の自然と
一体となった作品

3
自分の体を使って
体験できる

Chiba Area

青い空や湖も作品の一部に

　高滝湖のほとりに建つ現代アートの美術館。湖や空の眺めを活かした館内に、難しいこと抜きで直感的に楽しい！と思える作品が並びます。曲がる棒を潜ったりまたいだりして遊べる展示や、来館者が作品づくりに参加できる企画展など、体験型の作品が多いのも特徴。現代アートに苦手意識を持つ人の壁を取り払ってくれるはずです。コンクリートやスチールを活かした館内は一見クールな印象ですが、エレベーターなどの案内図がファミコンのドット絵のように表現され、やわらかさとあたたかみも感じられます。作品保護に関する注意書きにもドット絵を使うことで、展示空間が途切れることなく連続し、ミュージアム全体がひとつの大きな作品として感じ取れます。

A_空の眺めとともに楽しめる「Heigh-Ho」　B_吹き抜けを活かした展示室の大胆な展示が見物（「開発好明：中2病　展」より）　C_イベント時などに藤原式揚水機が水を汲み上げる様子を見られることも　D_触って遊べる約700本のチューブでできた作品

information
TEL：0436-98-1525
千葉県市原市不入75-1
開館時間：10:00-17:00
（土曜・休前日9:30-19:00、
日曜・祝日9:30-18:00）
休館日：月曜
（祝日の場合は翌平日）
入館料：企画により異なる
アクセス：小湊鐵道「高滝」駅より
タクシー約5分
http://lsm-ichihara.jp

COLUMN

房総半島の中央に位置する高滝湖

美術館の名称の由来ともなっている高滝湖。水上には昆虫などをイメージした彫刻が並び、太陽光を反射してきらめきます。土曜の夜は19時まで開館しており、湖の向こうに沈む夕日や、ライトアップされた建築が湖に映し出される様をゆっくり楽しめます。

房総のむら  ボウソウノムラ

江戸時代の町並みの中で生活の知恵と歴史を学ぶ

江戸時代や古墳時代にタイムスリップ

　江戸時代後期から明治時代初期にかけての武家、商家、農家の暮らしを再現したエリアと、資料館と実物の古墳群や文化財建造物が点在するエリアで、当時の空気を体感しながら房総の歴史を学べます。「商家の町並み」では、江戸時代後期頃の商家をモデルとした建物の中で、ろうそく作りやそば打ち、大工の技などの伝統技術を実際に体験できます。2階は建物と関連した小さなミュージアムになっており、浮世絵の展示を行う本・瓦版の店「葛飾堂」や、呉服の店、鍛冶屋などが並びます。中級武士の屋敷と、名主クラスの農家を比べるのも面白いかもしれません。

A_時代劇などのロケも頻繁に行われる　**B**_絵付けなど体験演目は年間400種以上　**C**_原始時代からの房総の歴史が学べる「風土記の丘資料館」は2023年4月にリニューアル

1

江戸時代の商家や
武家屋敷を再現した町並み

2

伝統技術を体験できる
豊富なワークショップ

3

貴重な里山環境と
歴史景観

A

B

C

information

TEL：0476-95-3333
千葉県印旛郡栄町龍角寺1028
開館時間：9:00-16:30
（時期により変更あり）
休館日：月曜（祝日の場合は翌火曜）
入館料：300円（高・大学生150円）
アクセス：JR成田線「安食」駅より
「竜角寺台車庫」行きバス約10分、
「房総のむら」下車徒歩約3分
https://www.chiba-muse.
or.jp/MURA/

立ち寄りSPOT

森の中にたたずむ重要文化財

資料館を除く「風土記の丘」エリアは無料で楽しむ
ことができます。国の史跡にも指定されている古墳
群が森の中に点在しているのが見どころです。また、
「旧学習院初等科正堂」など文化財に指定されてい
る建築物3棟が移築されており、重厚なたたずまい
を見せています。

ふなばしアンデルセン公園子ども美術館

フナバシアンデルセンコウエンコドモビジュツカン

緑いっぱいの
公園の中でアートに触れる
体験型美術館

1
アトリエで楽しむ
豊富な制作体験

2
アートとの距離が縮まる
作品展示

3
豊かな自然に満ちた
メルヘンチックな公園

Chiba Area

多彩なワークショップが楽しめる

　童話作家・アンデルセンの故郷である、デンマークのオーデンセ市と姉妹都市関係を結ぶ船橋市の体験型美術館。面積38万3569.22㎡におよぶ広大な公園の中に建ち、アートを体験できるコンテンツがいっぱいです。園内は童話の世界を思わせる、メルヘンチックな雰囲気に満ちています。企画展では、作品を間近で見られたり、作家みずからワークショップの講師を務めたりと、アートとの距離をぐっと縮める展示が行われています。館内には「木のアトリエ」、「陶芸のアトリエ」などさまざまな素材で制作体験ができるアトリエが設けられており、朝は陶芸、昼は公園でランチ、午後には機織り体験などと、1日いても楽しみが尽きません。

A_日光が差し込むワークショップ室　B_大人も子どもも好奇心をくすぐられる企画展示　C_アンデルセンスタジオでは子どもたちがすずの兵隊の演劇を体験　D_広場にそびえ立つアンコウクレーン

information
TEL:047-457-6661
千葉県船橋市金堀町525
ふなばしアンデルセン公園
開館時間:9:30-16:00
（時期により変更あり）
休館日:月曜（祝日の場合は開館）
入園料:900円（高校生600円、
小・中学生200円、4歳以上100円）
＊ワークショップ等は要別途料金
アクセス:新京成線「三咲」駅より
新京成バス
「セコメディック病院」行き約15分
「アンデルセン公園」徒歩約1分
https://www.park-funabashi.
or.jp/and/

COLUMN

木の根っこ&常設展示

B1には、ガラスを使った幻想的な常設展示作品があります。その手前には、大きな木の根がひとつ。これは、中国にもとなるメタセコイアの根っこです。土の中をうねる細い根を見ていると、童話「親指姫」のもぐらになったかのように感じます。

浦安市郷土博物館 ウラヤスシキョウドハクブツカン

ここが見どころ

1
有形文化財が建ち並ぶ
屋外展示場

2
漁師町の原風景と
発展を伝える展示

3
乗船や昔遊びなどの
体験にワクワク

information
TEL:047-305-4300
千葉県浦安市猫実1-2-7
開館時間：9:30-17:00
休館日：月曜、年末年始、館内整理日
入館料：無料
アクセス：東京メトロ東西線「浦安」駅
またはJR京葉線「新浦安」駅
徒歩約20分または両駅より
おさんぽバス医療センター線で
「健康センター・郷土博物館」下車
徒歩2分
https://www.city.urayasu.
lg.jp/kanko/kyodo/

浦安が誇るもう一つのテーマパーク

「大三角」と呼ばれる三角州に東京ディズニーランドが生まれる前、浦安は漁師の町でした。同館では、海苔や貝などの漁で栄えた浦安が、高度経済成長期の環境変化や交通の発展などを経て、一大遊園地を有するファミリーの街として発展する歴史を紹介しています。漁師の魂がこもった木造船や船大工道具の展示のほか、

漁師町の活気にあふれた昭和27年頃の町を再現した屋外展示場が圧巻。江戸時代の三軒長屋や大正15年建築のたばこ屋等が移築され、今では市内から姿を消した昔ながらの銭湯も往時の空気を伝えます。

A_海苔漁を支えた「ベカ舟」の乗船体験も　B_昭和55年頃まで営業したたばこ屋　C_漁師の仕事や市の歴史を語る展示

アラビア風建築で『月の沙漠』を味わう

月の沙漠記念館　ツキノサバクキネンカン

童謡『月の沙漠』のモデルとなった海岸にたたずむ記念館。アラビア風の建物で、作詞した加藤まさを氏の作品や資料が鑑賞できる。近隣の砂浜には曲に登場するラクダに乗った王子と姫の銅像を持つ公園も。

TEL：0470-68-6389　千葉県夷隅郡御宿町六軒町505-1
開館時間：9:00-16:30　休館日：水曜　入館料：400円ほか
アクセス：JR外房線「御宿」駅徒歩約10分

伊能忠敬が暮らした街で足跡をたどる

伊能忠敬記念館　イノウタダタカキネンカン

佐原の酒造家に婿入りした伊能忠敬が、隠居後に学びを重ね、日本初の実測日本地図を作り上げるまでのあゆみを紹介。極めて正確に描かれた地図の美しさや、測量器具や日記、向かいに建つ旧宅や佐原の街並みと共に味わいたい。

TEL：0478-54-1118　千葉県香取市佐原イ1722-1
開館時間：9:00-16:30　休館日：月曜、年末年始　入館料：500円
アクセス：JR成田線「佐原」駅徒歩約15分

小林一茶ゆかりの地で俳句とお茶を

一茶双樹記念館　イッサソウジュキネンカン

俳人・小林一茶と親友だった双樹（五代目秋元三左衛門）を記念する施設。安政期の建物を改装した数奇屋造りの建物が味わい深く、枯山水の庭園のなかにたたずむ茶房・一茶庵と双樹亭では、茶室・句会などが行われる。

TEL：04-7150-5750　千葉県流山市流山6-670-1　開館時間：9:00-17:00
休館日：月曜（祝日の場合は翌日）　入館料：無料　アクセス：JR武蔵野線、つくばエクスプレス「南流山」駅徒歩約25分、流鉄流山線「平和台」駅より徒歩8分
https://nagareyama-td.com/issasouju/

城下町にある日本刀専門美術館

塚本美術館　ツカモトビジュツカン

佐倉城下にひっそりと建つ、日本刀専門の美術館。長光、来国行、義弘、兼定、同田貫、真改、帽徹など名工の作品を堪能できる。作刀工程も展示されており、歴史さんぽにうってつけ。

TEL：043-486-7097　千葉県佐倉市裏新町1-4
開館時間：10:00-16:00　休館日：月曜、土日祝、12月下旬～1月初旬、3月下旬
入館料：無料　アクセス：JR総武本線など「佐倉」駅徒歩約20分
京成線「佐倉」駅徒歩約10分

埼玉 エリア

人形や万華鏡、果ては化石や宇宙まで、
壮大なロマンが詰まった埼玉エリア。
一日過ごせば
たくさんの「はじめて」に出逢えます。

秩父市

少し足を伸ばして
歴史とロマンを
ゆったり感じて

阿須運動公園

おがの化石館
p171

秩父

西武秩父

羊山
公園

西武秩父線

秩父鉄道

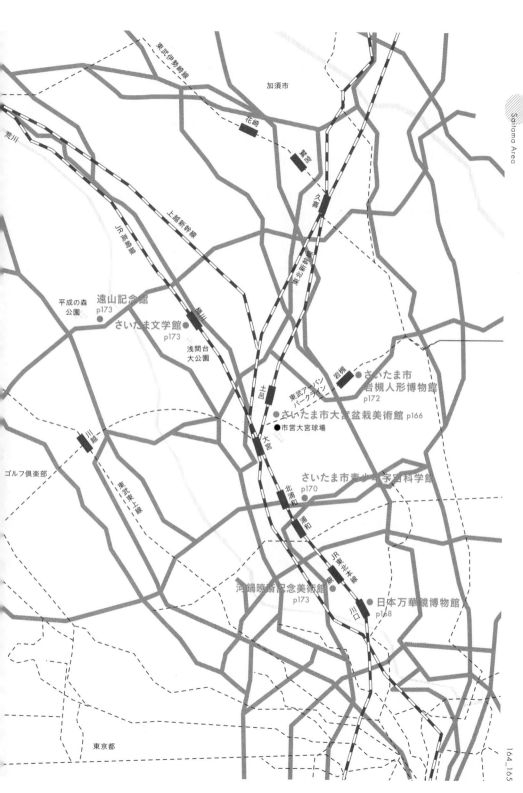

加須市

花崎

鷲宮

久喜

荒川

上越新幹線

JR高崎線

東北新幹線

東武伊勢崎線

平成の森
公園

遠山記念館
p173

さいたま文学館 ●
p173

鴻巣

浅間台
大公園

土呂

岩槻

さいたま市
岩槻人形博物館
p172

東武アーバン
パークライン

さいたま市大宮盆栽美術館 p166

市営大宮球場

大宮

さいたま市青少年宇宙科学館
p170

北浦和

浦和

川越

ゴルフ倶楽部

東武東上線

JR東北本線

南浦和

河鍋暁斎記念美術館
p173

日本万華鏡博物館
p168

川口

東京都

さいたま市大宮盆栽美術館 サイタマシオオミヤボンサイビジュツカン

展示を眺めるだけで
誰でも盆栽の通に

凝縮された植物の美を体感

かつて30以上の盆栽園を有し、盆栽村と呼ばれる大宮の地に建つ、世界初の公立盆栽美術館。一度訪れるだけで、初めて盆栽に触れる人も、盆栽の基礎を学べる充実した展示内容です。

盆栽の種類の見分け方から、幹の枯れた部分にも美を見出す独特の鑑賞法まで、ポイントを絞ったパネルの展示が非常にわかりやすく、盆栽が登場する浮世絵などの資料とともに眺めるだけで、盆栽の鑑賞に必要な知識が自然と身に付いていきます。

展示で得た知識をフル活用して盆栽庭園を鑑賞すれば、単なる木のミニチュアにとどまらない盆栽の魅力を自分なりに感じ取れるはず。

A_さまざまな角度から鑑賞できる　**B_**ジンやシャリと呼ばれる枯れた木の部分と生きている幹が絡み合う　**C_**真・行・草という3つの格式に応じた座敷飾り　**D_**ギャラリーの風景

1
見るだけで基礎知識が
身に付くパネル展示

2
貴重な盆栽
約70点を鑑賞できる

3
盆栽にまつわる浮世絵
などの美術資料

Saitama Area

information
TEL：048-780-2091
埼玉県さいたま市北区
土呂町2-24-3
開館時間：9：00-16：30
（11月～2月は16：00まで）
休館日：木曜（祝日の場合は開館）
入館料：310円
（高・大学生・65歳以上150円、
小・中学生100円）
アクセス：JR宇都宮線「土呂」駅東口
徒歩約5分
https://www.
bonsai-art-museum.jp/

COLUMN

著名人が愛した盆栽と記念撮影

希少性や歴史的な価値を持つ盆栽は「貴重盆栽」と呼ばれます。美術館所蔵の花梨は、元首相の佐藤栄作や岸信介の手元にあった貴重盆栽の第一号です。歳月を経た今も実を付け、均整のとれた美しい姿を見せています。ツーショットを撮れば、思わぬいいことがあるかも？

日本万華鏡博物館 ニホンマンゲキョウハクブツカン

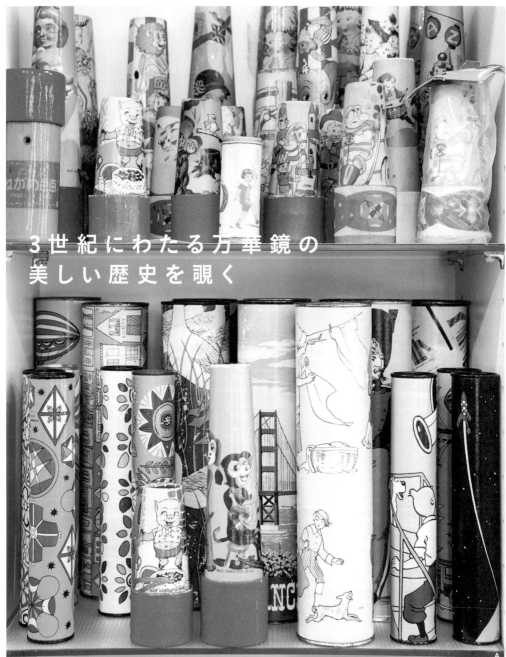

3世紀にわたる万華鏡の
美しい歴史を覗く

A

興味が無限大に広がる不思議な体験

お土産や駄菓子屋文化により世界一万華鏡が普及している日本から、19世紀に万華鏡が誕生した地・スコットランドに至るまで、さまざまな国や時代の万華鏡を所蔵。万華鏡コレクター・大熊進一氏の約2500点にのぼるコレクションを鑑賞し、解説を受けながら万華鏡を覗く「見るコース」と、万華鏡を作って仕組みを理解する「作るコース」、2通りの楽しみ方が用意されています。子どもの頃に見ていたような正三角形の鏡でできた薄暗い万華鏡の像しか記憶にない人は、教会のステンドグラスのような丸い像や、左右非対称に飛び出す不思議な像に、思わず見入ってしまうはず。

A_戦後、日本が対米輸出用に作っていたもの。MADE IN OCCUPIED JAPANの文字が書かれたものも　B_鏡の枚数や形によって映像が変化　C_万華鏡の歴史や仕組みを館長自ら科学的に解説D_19世紀の貴重な万華鏡や作家の1点ものが並ぶ

information
TEL:048-255-2422
埼玉県川口市幸町2-1-18-101
開館時間：10:00-19:00
（入館は18:30まで）
＊毎正時ごと予約優先
休館日：不定休
（日曜・祝日も予約すれば開館）
入館料：見るコース1000円（約40分）、作るコース2500円〜（約60分）
アクセス：JR京浜東北線
「川口」駅徒歩約5分
http://nihonmangekyouhakubutsukan.jimdo.com

COLUMN

鏡の質が映像の美しさを大きく変えた

こちらは19世紀のイギリスやアメリカの万華鏡。1980年代以降、鏡の表面で直接光を反射する「表面鏡」が導入されたことで、万華鏡の像は劇的に鮮明なものになりました。鏡が異なれば反射の具合もまた変わる万華鏡、当時の人々はどんな鏡で、どんな像を見ていたのでしょうか。

さいたま市青少年宇宙科学館

サイタマシセイショウネンウチュウカガクカン

   FREE ＊プラネタリウムは有料

ここが見どころ

1
宇宙の謎を紐解く
立体教科書のような展示

2
ロマンと美しさを感じる
「スペースロード」

3
高い技術を投入した
プラネタリウムの星空

information
TEL:048-881-1515
埼玉県さいたま市浦和区
駒場2-3-45
開館時間:9:00-17:00
休館日:月曜(祝日の場合は翌平日)
入館料:無料
＊プラネタリウム520円
(4歳～高校生200円)
アクセス:JR京浜東北線ほか
「浦和」駅より国際興業バス
グランド経由「北浦和駅東口」行き
「宇宙科学館入口」徒歩約3分
https://www.city.saitama.
jp/kagakukan/index.html

子どもの気持ちに還って宇宙の謎を紐解く

　名誉館長は宇宙飛行士の若田光一氏。デジタル式と光学式の機能を併せ持ち13等級の星まで再現するプラネタリウムと、無料で楽しめる科学館は、大人にとっても新鮮な発見でいっぱいです。
　「宇宙広場」では、太陽系の仕組みや四季の星座、宇宙開発の歴史などを学べます。ブラックホールの謎や、銀河の誕生にも関係する

とされるダークマターなどについて紹介する「宇宙のなぞ」、太陽系の宇宙空間を浮遊しているような「スペースロード」など宇宙空間を模した展示に、未知の世界へのロマンが広がります。

A_宇宙服や国際宇宙ステーションの寝室、トイレの模型も展示　**B**_宇宙空間のような雰囲気を体験できるトンネル「スペースロード」も魅力的

おがの化石館 オガノカセキカン

ここが見どころ

1
奇獣パレオパラドキシア
の骨格標本

2
小鹿野地区で出土した
貝やカニなどの化石群

3
世界の各地域から集まった
小型化石の美しさ

information
TEL：0494-75-4179
埼玉県秩父郡小鹿野町
下小鹿野453
開館時間：9:00-17:00
（入館は16:30まで）
休館日：火曜（祝日の場合は翌平日）
入館料：300円（小・中学生200円）
アクセス：西武池袋・秩父線
「西武秩父」駅より
西武観光バス約35分、
「泉田」徒歩約20分
https://www.town.ogano.
lg.jp/oganokasekikan/

「パレオパラドキシア」などの化石と地層

　国指定天然記念物の崖「ようばけ」を背景に、「大昔の不思議な生物」という意味の名を持つ奇獣・パレオパラドキシアや、この地域で発掘された化石などが集まっています。

　1700万年〜1500万年前まで秩父に存在していた「古秩父湾」に生息していた貝やカニなどの化石が、太古の海の生物の多様性を想像させます。都心からそう遠くない場所で、化石が発掘されるというロマン。級友たちとこの地を訪れた宮沢賢治も、化石や地層から想像される風景に同じ思いを抱いたのかもしれません。

A_パレオパラドキシアの化石と模型　**B**_ようばけ下層部にはパレオパラドキシアなど大型生物が眠っていると推測される

さいたま市岩槻人形博物館

サイタマシイワツキニンギョウハクブツカン

ここが見どころ

1

人形収集家・西澤笛畝の
選び抜かれたコレクション

2

製作の過程に触れ
職人の技を知る

3

人形の表情や装飾が物語る
人々の暮らしや願い

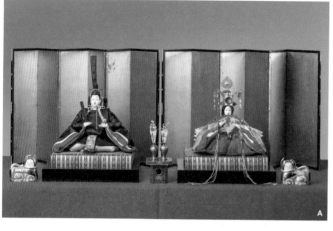

information

TEL:048-749-0222

埼玉県さいたま市岩槻区本町6-1-1

開館時間:9:00-17:00

(入館は16:30まで)

休館日:月曜(休日の場合は開館)、
年末年始

入館料:300円

(高大生・65歳以上150円、
小中学生100円)

アクセス:東武アーバンパークライン
「岩槻」駅徒歩約10分

https://ningyo-muse.jp/

小さな美に込められたあこがれと喜び

　人形玩具収集家・西澤笛畝氏の約3500点に及ぶコレクションが、人形の産地の岩槻があるさいたま市に寄贈されたのが同館のはじまり。選び抜かれた名品がゆったりと並び、人形に込められた祈りの形を物語っています。その美と共にじっくり味わいたいのが、箪笥などの製作時に生じる桐材の粉を使った技法「桐塑頭」による人形作り

の工程です。木の命を無駄なく生かし、新たに命を吹き込む職人のまなざしは、まるで我が子を送り出す親のよう。身近なキャラクターグッズやフィギュアまでも、新たな意味を帯びて見えてきそうです。

A_コレクションの中核をなす雛人形は季節を問わず展示　B_完成までの各工程を紹介。緻密な作業を可能にする道具も美しい

ユーモア溢れる天才絵師の懐へ

河鍋暁斎記念美術館
カワナベキョウサイキネンビジュツカン

圧倒的な描写力と縦横無尽な画題で「画鬼」と呼ばれた狩野派絵師・河鍋暁斎の肉筆作品、錦絵や下絵・画稿類のほか、長女・河鍋暁翠など一門の作品を展示。1、2ヵ月毎に展示替えが行われ多彩な画風を間近に楽しめる。併設のショップはもう一つの美術館のような充実度。

TEL：048-441-9780　埼玉県蕨市南町4-36-4
開館時間：10:00-16:00　休館日：火・木曜、毎月26日以後、年末年始
入館料：600円(高大生・65歳以上500円、小中学生300円)
アクセス：JR京浜東北線「蕨」駅西口コミュニティバス南ルート⑫下車

のどかな田園風景で
邸宅と工芸を愛でる

遠山記念館　　トオヤマキネンカン

かつて日興證券の祖、遠山元一が建てた昭和初期の邸宅と、庭園が愉しめる美術館。所蔵コレクションは東西の古美術が中心。当時、最高の建築技術を駆使して建てられたという、贅を尽くした住宅は必見。緑の中で和風邸宅の美しさも味わいたい。

TEL：049-297-0007　埼玉県比企郡川島町白井沼675
開館時間：10:00-16:30(入館は16:00まで)
休館日：月曜　入館料：800円ほか
アクセス：JR埼京線「川越」駅より東武バス「牛ケ戸」徒歩約15分

田山花袋をはじめとする
埼玉ゆかりの文学者を辿る

さいたま文学館　　サイタマブンガクカン

田山花袋、中島敦といった埼玉ゆかりの文学者の作品を展示。永井荷風の自筆資料や貴重な初版本などを集めた荷風コレクションを所蔵しており、関連資料を含めると4000点にものぼる。館内には郷土作家の著作や同人誌が充実した図書室も。

TEL：048-789-1515　埼玉県桶川市若宮1-5-9
開館時間：10:00-17:30
休館日：月曜(祝日等の場合はその翌日)、第4火曜、年末年始
入館料：210円ほか　アクセス：JR高崎線「桶川」駅徒歩約5分

あとがき

日常を変えてくれるなにかを求めているとき、
視点を変えるきっかけを与えてくれるもののひとつが、
美術館や博物館、文学館です。

たくさんの時間やお金をかけて旅行に行かなくても、自宅からたったの1時間で、
さまざまな国の芸術や文化、文学に触れることができ、
江戸時代や宇宙空間にだってワープできてしまう。

読書体験も同じ類の喜びを与えてくれますが、
展示空間に足を運ぶことによって、思いがけないワクワクに出会えるのが、
ミュージアムめぐりの魅力ではないでしょうか。

美術館の展示作品だけでなく、訪れた街や建物の美しさに夢中になったり、
博物館で、思いがけない企画展の資料に惹き付けられたり、
文学館の展示で名前も知らない作家の人柄に惹かれ、
その作品に触れるきっかけが生まれたり。
こうした、思わぬ「はじめて」に出会えるのも、ちいさなミュージアムならではの魅力です。

ちいさな美術館・博物館・文学館では、
ゆったりと展示を楽しめるだけでなく、
知られざる珠玉の展示や作品を、ひとり占めして鑑賞できることさえあります。
自分以外に誰もいない展示室で、数千年の時を超えた歴史的な資料や、
あこがれの芸術作品に一対一で向き合う。
そんな贅沢な経験も、ここなら不可能ではありません。

休日におうちでのんびり本を読むのもいいけれど、
一歩外に出て、こんな「ちいさなミュージアム」ならではの時間を
体験しに行ってみませんか?

増山かおり

デザイン
櫻井事務所

写真
ミヤジシンゴ
山田優李

マップ制作
国際地学協会（ユニオンマップ）
小泉正敬

印刷所
シナノ書籍印刷株式会社

編集
静内二葉

増山かおり *masuyama kaori*

街歩きライター。1984年、青森県七戸町生まれ。
早稲田大学第一文学部人文専修卒業。月刊『散
歩の達人』、『VV magazine』などでカルチャー、
街歩き、食などに関する記事を中心に執筆。著書
に『東京のちいさなアンティークさんぽ レトロ雑
貨と喫茶店』、『死ぬまでに一度は訪ねたい東京
の文学館』。

東京のちいさなミュージアム案内

-美術館・博物館・文学館150-

2024年 5 月28日　初版第1刷発行
2024年10月 3 日　　　第2刷発行

著者　　増山かおり

発行者　三輪浩之

発行所　株式会社エクスナレッジ

　　　　〒106-0032　東京都港区六本木7-2-26

　　　　https://www.xknowledge.co.jp/

問合せ先

編集　　Tel 03-3403-6796

　　　　Fax 03-3403-1345

　　　　info@xknowledge.co.jp

販売　　Tel 03-3403-1321

　　　　Fax 03-3403-1829